여자도 군대 가라는 말

여자도 군대 가라는 말

초판 1쇄 펴낸날 2021년 6월 30일

지은이 김엘리
펴낸이 이건복
펴낸곳 도서출판 동녘

주간 곽종구
책임편집 정경윤
편집 구형민 강지유 박소연 김혜윤
마케팅 권지원 박세린
관리 서숙희 이주원

등록 제311-1980-01호 1980년 3월 25일
주소 (10881) 경기도 파주시 회동길 77-26
전화 영업 031-955-3000 편집 031-955-3005 **전송** 031-955-3009
블로그 www.dongnyok.com **전자우편** editor@dongnyok.com
인쇄·제본 영신사 **라미네이팅** 북웨어 **종이** 한서지업사

ⓒ김엘리, 2021
ISBN 978-89-7297-996-8 (03300)

여자도
군대 가라는
말

김엘리 지음

동녘

3 여성 군인의 탄생

4 여성은 어떻게 군인이 되는가

5 성평등은 만능키가 될 수 있을까

들어가는 말

병역제도가 사회적으로 거론될 때마다 여성징병제 논란은 따라온다. 징병제를 유지하느냐, 모병제로 전환하느냐와 같은 논쟁이 정치적으로 설왕설래하면 "여성도 군대 보내자"라는 이야기가 고개를 내민다. 그리고 군대 이야기는 '젠더 갈등'으로 번역된다. 새삼스러운 일은 아니다. 1999년 헌법재판소가 군가산점제 위헌 판결을 내린 것은 노동권의 차원에서 '사람'들의 평등을 문제화한 것이다. 그런데 이 결과는 남성들의 군 복무 보상 문제로 논쟁의 불이 붙는가 싶더니 "여자도 군대 가라"는 격노를 키웠다.

여성혐오 발화가 한창이던 2015년 이후에도 달라지지 않았다. 2005년부터 시작된 '개똥녀', '된장녀', '김치녀'와 같은 호명에는 "군대를 가지 않는 이기적인 여성"이라는 딱지가 그대로 붙어 있었다. 혐오 감정이 순환하고 유통되면서 그 가치는 증폭된다. "필요할 때는 평등을 외치면서 병역의무는 이행하지 않는 이기적인 여성"이라는 언설은 급기야 여성도 징집하라는 청와대 청원으로 이어졌다.

여성이 군대 가는 일은 이렇게 호들갑을 떨 일일까? "여자도 군대 가라"라는 발화는 마치 지뢰처럼 숨어 있다가 격발한다. 그 어디쯤에는 여성징병제 이야기가 도사리고 있다. 무엇보다 성평등과 짝패가 되어 돌림노래에 되돌이표다. 이 긴 노래는 언제 끝날까?

병역, 근대국가의 젠더 정치

혹자는 여성징병제가 시행되면 끝이 난다고 말할 것이다. 그러나 이 해법만으로 충분할까? 그렇게 간단한 문제가 아니라는 것을 우리는 안다. 여성징병제가 시행되면 이른바 젠더 갈등이 눈 녹듯이 사라지고 평등이 저절로 실현되는 걸까? 여성징병제를 하자고 하면 실행은 가능한 것일까? 여러 물음들이 뒤따른다.

효율성을 중시하는 군대에서 누가 군인이 되는가라는 문제는 단선적인 기준으로 말할 수 없다. 그만큼 군대는 근대국가가 생성되면서 축적된 역사적·문화적 유물이자 정치적 아키텍처이다. 이념이 있고, 관습과 문화가 있으며, 복잡한 정치 역학이 얽혀 있다. 남북관계와 국제관계는 어떠한가. 안보 상황을 진단하고 군사 전략을 논하면서 어떤 병역제도가 주효한지 가늠하는 데 고려해야 할 조건이다. 그렇기에 우리가 여성징병제 이야기를 하기 위해서는 더 나은 물음과 논쟁이 요청된다.

한국 사회에서 군대란 무엇일까? 군대가 한국인들에게 보편적이면서도 도덕적인 규범이 된 것은 오랜 시간 정치적으로 축적되고 변형된 결과이다. 군대는 정치경제적 문제이자 사회구성물이다. 그 중심에는 젠더 정치가 있다. 그래서 우리는 이러한 물음을 던질 수 있다. 남성에게 군대란 무엇인가? 여성에게 군대란 무엇인가? 이 물음 안에는 깊은 설명 없이도 누구나 자연스럽게 공유하는 사회문화들이 있다. 군대는 여성과 남성에게 다르게 경험된다는 점이다.

인생에서 한 번은 꼭 군대를 가야 하는 사람과 태어날 때부터 병역의무에서 면제된 사람에게 군대가 미치는 삶의 의미는 다르다. 남성만의 병역의무제는 남성과 여성이 생을 다르게 기획하도록 만든다. 남성들은 군대를 언제쯤 갈지, 어떤 군 유형을 선택할지 삶의 진로 안에서 기획하고 배치한다. 이 가운데 남성은 무엇인가라는 모양새가 사회적으로 주조된다. 어릴 때부터 입대가 당연하게 여겨지는 남성들에게 군사훈련과 안보, 국가는 자신의 삶을 구성하는 일부로서 남성 정체성을 이루는 사회적 조건이다.

반면 여성들에게 군대는 금지이자 도전이다. 군사 활동은 전통적으로 여성의 일이 아니었다. 그래서 군사 영역에 개입하는 일은 도전이다. 여군들에게 '최초', '여풍', '여장부'라는 수식어가 붙는 것은 그런 구조화된 상황을 내포한다. 다르게 표현하면 군대는 여성에게 배제와 차별의 제도이고, 이를 강화하는 전거이다.

그렇다고 해서 군대가 여성의 삶과 무관하다는 뜻은 아니다. 남성과 다른 방식으로 군대와 관계를 맺는다. 국제정치학자 신시아 인로Cynthia Enloe는 군대와 전쟁, 국제정치에서 여성은 어디에 있는가를 물으며 페미니스트 호기심으로 탐색한다.[1] 군인을 양육하고 지원하는 모성으로서, 성적 위안과 휴식을 주는 '위안부'로서, 군인들에게 의료와 돌봄의 서비스를 제공하는 간호 군인으로서, 정서적·물질적 힘이 되는 '곰신'으로서, 여성은 군대 시스템이 작동하는 어딘가에 있다. 군대는 남성과 여성의 삶을 다르게 구성할 만큼 젠더에 기대어 작동하고, 또 젠더를 강화한다.

"여성들도 군대 가라"는 말은 남성만의 징병제가 젠더 질서에 따라 조직되고 운영되었던 역사를 담고 있다. 정치학자 문승숙은 한국의 근대화가 병역제도의 확립과 깊이 서로 작용했음을 분석했다.[2] 그중 병역을 고용과 연결시켜 남성들에게 경제적 혜택을 우선적으로 준 것은 주효했다. 근대화 과정에서 병역 이행은 남성들에게 취업을 위한 기술 훈련과 기회를 제공했고, 남성들은 병역과 경제활동을 통해 국가에 통합되었다. 그래서 국가를 지키는 자는 곧 가정을 지키는 생계부양자라는 정치경제구조가 자리 잡았다. 근대 남성성은 이 가운데 구성되었다.[3]

신자유주의 시대, 변화의 징후

그런데 세상이 변했다. 남성들은 병역의무가 시간 낭비라고 말한다. 신자유주의 경쟁 사회에서 성장한 그들에게 군 복무는 시간을 투자한 만큼 회수되지 않는 손실로 여겨진다. 군사적 남자다움은 현대 생활과 매끄럽게 어울리지 않는 과잉이다. 그런데 성장기부터 경쟁 상대였던 여성은 병역의무 면제자다. 국가는 여성에 대한 차별을 해소하는 정책을 펼치지만, 남성에게는 오히려 희생을 요구하는 것으로 비쳐진다. 이러한 이해 속에서 남성들 사이에 유통되는 공정성은 이제 여성에게로 향한다.

"여자도 군대 가라"는 말은 근대사회의 안보통치와 신자유주의 자기경영 주체 사회가 어긋나면서 새는 파열음이다. 그 말에는 억울함, 보복, 성 대결, 성평등 등 여러 감정들과 주장들이 얽혀 있지만, 각각의 것들이 태동한 맥락은 사라진 채 그 해법은 여성징병제 제도화로 모인다. 그래서 여성징병제는 실행되어야 할 시대적 과업으로 등극한다. 더욱이 여성징병제는 성평등을 위해서라도 실현되어야 할 자명한 것으로 거론된다. 하지만 이러한 일련의 논란은 청년 정책의 부재를 고심 없이 쉽게 메꾸려는 정치적 성격이 짙다.

사실 "여자도 군대 가라"는 말은 변화한 젠더 지형을 노출한다. 이제 여성들은 자신의 이름으로 커리어를 쌓으면서 개성 있는 인생을 설계하려 한다. 남성들과의 관계에서 주조된 아내와 딸이 아닌 자신의 사회적 관계 안에서 만들어가는 삶을 추구한다. 전통적인 젠더 문법에 맞지 않는 여성들의 등장은 연애와 결혼, 직장의 풍경을 바꾸고 있다. "여자도 군대 가라"는 말은 젠더 구도가 점차 달라지면서 군대를 전통적인 성별 분업의 공간으로 남겨두지 않으려는 남성들의 목소리가 담겨 있다. "여자도 군대 가라"는 말은 비록 여성혐오가 촉발시킨 발화이지만, 젠더 지형이 달라진 세태를 반영한다.

여성 군인은 어떠한가? 1990년대 이후 여성들은 공적 영역으로 진출하는 정도가 점차 증가했다. 대졸 여성들이 대기업에 들어갈 수 있는 취업문이 열렸고, 사관학교에 여성 생도 입학이 허용되었으며, 여성들의 장교 임관이 촉진되기 시작했다. 우수 인력의 활용이라는 국가 정책의 힘이다. 물론 유엔의 성 주류화gender mainstreaming 정책의 확산이라는 글로벌한 흐름과도 무관하지 않다. 여성들이 다양한 분야에서 일하도록 사회 조건들을 만드는, 이른바 국가페미니즘의 강화는 여성 군인을 증가시킨 주요한 배경이다.

여기에 신자유주의 능력계발 담론은 성평등을 내세우며 여성들을 공적 영역으로 밀어낸다. 능력이 있으면 자기계발을 통해 무엇이든 할 수 있다는 메시지는 여성들에게 낯설었던 분야에 도전할 용기를 준다. 군사 영역도 마찬가지다. 여성이라서 못할 것은 없다는 능력주의는 군사 분야에서 여성들의 활동을 자연스럽게 만든다. 도전과 성취는 남성들과 다를 바 없다는 성평등으로 표상되고, 여성들의 성공담이 된다. 하지만 능력주의가 성평등으로 이어질 것이라는 믿음은 구조화된 불평등이 일어나는 맥락을 보지 못하게 한다.

여성의 군 참여는 성평등의 증표인가?

여성들의 군 참여를 성평등 프레임에서 말하면, 여성들은 딜레마에 빠진다. 가부장제 사회에서 형성된 군대 제도가 여성을 배제했다면 여성에게 군대를 허하는 것은 성차별을 해소하는 수순일 것이다. 법과 제도의 걸림돌은 해소되어야 마땅하다. 그러나 똑같은 기회를 갖는다고 해서 성평등이 자동으로 이루어지지 않음을 우리는 노동시장과 정치계에서 이미 봤다. 형식논리만으로 이 문제를 풀 수는 없다.

무엇보다 어떻게 평화를 만들 것인가라는 비전을 국가가 독점하지 않고, 시민들이 말할 수 있어야 한다. 국가안보가 반드시 군사안보여야만 하는가? 전쟁을 예방하기 위해서 강한 군사력이 있으면 만사형통인가? 시민들의 안전한 삶을 위해 국가와 군대는 무엇을 해야 하는가? 공론장을 열어야 한다. 더욱이 코로나 시대는 안전한 삶에 관한 우리의 사유를 바꾸기 시작했다. F-35A 스텔스 전투기 구입을 유보하고 재난지원금을 증대한 국가의 조치는 국가안보가 우선적으로 무엇이 되어야 하는가를 보여준다. 안보에 관한 생각이 달라지면 군사 활동의 성격도 변한다. 포스트근대사회의 군사 활동은 비전투 활동으로 확장되는 경향이 크다.[4] 그러면 군인의 역할이나 정체성도 다양해진다.

병역제도도 단숨에 변경되는 것은 아니다. 어떤 병역제도가 적합한가에는 경제와 군사 전략, 국제환경, 사회적 가치 등 다양한 요소가 복합적으로 고려된다. 여기에는 단지 군사와 경제의 환경만이 아니라 인종과 젠더의 다양성도 주요한 요소로 숙고되어야 한다. 군대가 어떤 모양새를 갖출 것인지의 구상은 효율성에 관해 다르게 사유하고 접근할 때 가능하다.

페미니즘은 군대에 관해 어떻게 말할까? 페미니스트들은 군대가 가부장제를 유지하고 강화하는 제도라는 점에서는 한목소리를 내지만, 여성들의 군사 활동에 관해서는 목소리가 여럿이다. 여성들의 병역을 사회복무제로 이행하자는 목소리부터, 병역제도를 지원제로 변경해 남녀 모두 동일한 방식으로 적용하자는 입장, 징병제가 더 낫다는 주장, 여성 징병 불가론까지 다양하다. 포르노그래피와 성매매 논의와 마찬가지로, 여성들의 군사 활동은 첨예한 논쟁거리를 만들어낸다. 이는 군대와 군사안보를 어떻게 볼 것인가에 대한 관점만이 아니다. 페미니즘 이론을 구성하는 논쟁적인 사안을 품고 있다. 성차와 평등, 이성애 규범과 헤게모니 남성성, 섹스와 젠더 개념의 혼용, 여성의 몸에 대한 이해 등 그동안 페미니즘 내에서 들추어낸 이론적 논쟁거리가 군사 분야에도 켜켜이 쌓여 있다.

이를테면, 여성은 체력이 약하고 성고문에 노출될 수 있다는 헌법재판소의 판결은 여성이 군에 적절하지 않은 몸임을 공식적으로 말한 것이다. 과연 여성의 몸은 진짜 취약한가? 어째서 트랜스젠더의 몸은 군에 허용되지 않는가? 왜 군인의 동성애는 범죄로 취급되는가? 이러한 물음은 면밀하게 파고들어야 할 논점이다. 군인의 몸은 어떤 몸인가? 이성애 규범을 통과한 남성의 몸이지만, 그 남성의 몸도 학력이나 인종에 따라 다양하다. 과연 어떤 몸이 군인으로 적합한가?

이 책은 이러한 물음들에 대해 세세히 설명하지는 않는다. 이 물음들을 닫은 문의 빗장을 여는 시도이다. 군에 관해 사유하고 말하지 못한 사회에서 이제 군에 관해 말하는 공론장을 만들자는 멍석 깔기이다. 군대는 분단사회에서 사람들의 삶에 큰 영향을 미치는 만큼 더 큰 그림을 그리며 접근할 필요가 있다. 젠더 갈등이라는 말에 갇히지 않고, 더 풍부하고 더 나은 논의를 위해 젠더와 얽힌 혹은 젠더 정치로 구성된 정치경제적 지점들을 짚자는 말이다. 게다가 젠더 정치란 단순히 남성과 여성만의 틀이 아니라 남성들 사이의 차이와 여성들 사이의 차이도 고려하며, 이성애 중심의 규범이 낳는 협소한 관계도 주시함을 뜻하므로 더욱 그렇다.

분단사회에서 군대 담론은 사람들의 사유와 행위를 특정한 방식으로 이끈다. 그러나 동시에 군대에 관한 전통적인 관례가 변화하는 신자유주의 시대에 우리는 살고 있다. 이 틈새에서 이 책은, 군대가 이 사회에서 어떻게 작동하는지, 군대가 여성과 맺는 관계들은 무엇인지 생각해보는 단초가 되었으면 한다. 이제 겨우 실마리 하나를 풀어 펼친다.

이 책에 대하여

1장은 여성 징집을 둘러싼 사회적 논란을 연대기적으로 정리한다. 그리고 군대가 왜 혐오 발화의 마르지 않는 샘이 되었는가를 살핀다. 여성혐오의 발화 끝에는 왜 항상 군대가 튀어나오고 군대가 마치 성 전쟁의 전선인 것처럼 나타날까? 이 현상을 분석하면서 군대가 젠더 갈등의 원천이 아니라 변화한 젠더 지형이 군대에 트러블을 일으키는 것임을 이 글은 짚는다. 여성 징병이 최선의 답은 아니다. 젠더화된 군대를 살피는 것이 우선이다.

이에 대한 응답으로서 2~4장은 한국의 여성 군인에 관해 이야기한다. 지금 여성 군인들은 지원제로 선출되어 장교와 부사관으로서 군사 활동을 하지만, 그 자체로 군대 내 여성의 위치를 보여주는 사례들이다. 군대는 초남성 공간에서 여성들이 어떻게 일을 하고 리더가 되는지 가늠할 수 있는 노동 현장이자, 여성들이 군대를 매개로 국가와 어떤 관계를 맺는지 보여주는 군사 활동의 공간이다.

여기서 2장은 여성 군인이 역사적으로 어떤 위치에서 무엇을 표상하는지 살핀다. 여성 군인은 사회와 군을 잇는 가교의 역할을 했다가, 남군을 보조하는 특수병과를 거쳐, 지금은 남성들과 함께 군사훈련을 받고 활동한다. 립스틱을 바르는 군인에서 위장크림을 바르는 군인으로 이동한 그들의 표상은 성평등을 성취한 우수 인력이다.

3장은 강한 군인을 내세우는 군대가 여성성을 어떻게 해석하고 용인하는지 추적한다. 이른바 여성적인 것은 군에서 취약한 것으로, 극복해야 하거나 통제해야 하는 어떤 것이었다. 그러나 여성들이 일반병과로 편입하면서 여성성은 여성의 고유한 능력으로 재해석된다. 이 우수인력담론은 여성 군인에 관한 지식을 생산하고 여성들의 행위를 이끄는 구속력을 지닌다.

4장은 초남성 공간에서 여성이 어떻게 여성 군인이 되는지 살핀다. 여성들은 '좀 다른 자기'를 기획하며 군을 지원하고, '능력 있는 자기'를 계발하며 군인되기를 한다. 그러나 여군들은 여성적인 것으로부터 자유롭지 못한 군인되기를 수행한다. 이 장은 여성과 군인 사이, 차별과 혜택, 그리고 성폭력과 체력에 관한 여군들의 이야기를 바탕으로 썼다. 필자는 육·해·공군 일반병과의 여군들과 1년여 동안 인터뷰를 진행했고, 5년 뒤 육군 여군들만을 다시 인터뷰했다. 여기에 밝힌 이름들은 모두 가명이다.

5장은 여성의 군 참여가 성평등의 문제로만 수렴되어도 충분한가를 비판적으로 논한다. 여성징병제 논란이 성평등 프레임 안에서만 이루어지는 세태가 가져올 한계를 짚는다. 특히 이 글은 군사 분야에서 선전되는 성평등의 수사가 제국적 민주주의의 바람잡이로서 인종화된 젠더 질서를 보이지 않게 하는 글로벌한 현상도 놓치지 않는다. 과연 성평등하면서도 비폭력적이고 탈군사적인 군대를 만들기 위해서는 무엇이 필요할까? 간단치 않은 물음은 계속된다.

이 책은 필자의 논문들을 바탕으로 다시 쓰였다. 1장과 5장은 〈페미니즘, 군대를 말하다: 여성 성평등 시민권〉(피스모모×에로틱피스 포럼 발표문, 2019.11.30)을, 2장과 3장은 〈여군의 우수인력담론 구성〉(《사회와역사》, 106권, 2015)을, 4장은 〈초남성 공간에서 여성의 군인되기 경험〉(《한국여성학》, 28권 3호, 2012)과 〈여성 군인의 능력 있는 자기계발과 군인되기〉(《한국여성학》, 34권 1호, 2018)를 기반으로 했다. 논문들은 국방부와 3군이 발행한 책자와 문건, 정책 자료, 홍보 동영상, 언론 기사와 방송을 위해 제작된 동영상, 그리고 여군들과 인터뷰한 결과물을 분석한 글이다.

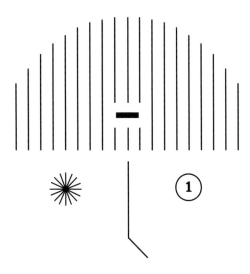

**여성 징집,
그 논란의 연대기**

여성도 남성처럼 징집해야 한다는 목소리가 높다. 2021년 5월 19일 청와대 국민청원 사이트에 올라온 〈여성도 징병 대상에 포함시켜 주십시오〉라는 청원 글에는 29만 3000여 명이 동의했다.[1] 2017년 8월에는 처음으로 12만여 명이 청와대에 청원을 하기도 했다. "남성들은 독박 국방의무를 이행하니 여성도 병역의무"를 이행하도록 법률이 제정되어야 한다는 내용이었다. 인구절벽 시대에 군 인적자원을 보충하고, 균형 있는 성평등을 이루어야 한다는 것이 그 이유다. 여기에는 필요할 때만 평등을 말하고, 군 복무와 같은 실제 의무는 동등하게 이행하지 않는 이기적인 여성이라는 인식이 틀 지어져 있다. 방점은 '스스로'에 있다. 여성들이 스스로 군대에 가겠다고 주장해야 한다는 것이다.

사실 그동안 군대에 가겠다고 말한 여성들이 없었던 것은 아니다. 2003년 페미니스트 저널 《이프IF》에서 류숙렬과 이김정희는 여성징병제를 제언했다. 군대 문화를 개선하고 성차별을 극복하기 위해서라고 했다. 만약 병역제도가 지원제가 된다면, 한쪽 성이 60~70퍼센트를 넘지 않는 성별 제한 할당제여야 한다고까지 말했다. 그 이전에 2000년, 김신명숙 《이프》 편집위원은 조건부 여성징병제를 남발한다. 호주제가 폐지되고 50퍼센트 할당제 등이 실현되면 "여성도 군대 가겠다고 주장하자"는 선동적인 글을 《문화일보》에 기고했다.

그러나 이 모든 제안은 선언적인 성격이 강했고, 더 깊은 논의로 발전되지 못했다. 10여 년이 지나 2014년 6월, 두 명의 여성 대학생은 여성병역의무화를 주장하는 시위를 한다. 강원도 동부전선 GOP에 총기 난사 사건이 발생하면서 여성도 군대 가야 한다는 주장이 온라인 커뮤니티에서 남발하자 "우리도 군대를 가겠다"고 주장한 것이다. '그 못 갈 것 뭐 있느냐'는 담담한 응답이었다.

전반적으로 보면, 여성의 병역의무에 관해 국민들은 반

신반의한다. 사람들은 여성도 의무복무를 하도록 제도를 개선해야 한다고 말하지만(51.8퍼센트), 여건상 시기상조라고(58.6퍼센트) 생각한다. 대체적으로 사람들은 여성이 군 복무를 한다면 사회복무제 형태가 가장 낫다고 보며, 그다음으로는 지원제, 단기간의 의무군사훈련, 남성과 동일한 복무 형태순으로 꼽는다. 2019년 한국여성정책연구원이 전국의 국민 2012명을 대상으로 한 설문조사 결과이다.[2]

그런데 눈길을 끄는 대목이 있다. 여성병역의무제를 찬성하는 남성이 10여 년 동안 세 배나 증가했다는 점이다.[3] 경제적 불안과 혐오 논쟁을 거쳐 만들어진 남성들의 마음이다. 2019년 한국여성정책연구원 조사 결과에 따르면 20대 남성들 10명 중 7.8명이 남성만의 병역의무제가 차별이라고 생각하고, 8명은 여성도 군대를 가야 한다고 생각한다. 이 통계 수치는 2018년 한국리서치의 설문조사 결과[4]보다 강도가 세다. 반면 여성들은 시간이 흘러도 여성의 병역의무에 관한 의견에 큰 변동이 없다. 여성의 병역의무에 대해 50퍼센트 안팎의 의향을 꾸준히 보인다. 그러니까 남자는 가라, 여자는 안 가겠다와 같은 성 대결의 구도는 최소한 아니라는 것이다.

일부 남성들은 실제 법적 절차를 밟아 '남녀공동병역의무제'를 요구했다. 2006년부터 입영통지서를 받거나 군 복무 중인 남성들이 잇달아 헌법재판소에 헌법소원 청구 소송을 냈다. 모든 국민이 국방의무가 있는데 병역의무는 남성만이 진다는 병역법 3조 1항이 헌법상의 평등권 조항에 위배된다는 주장이었다. 그러나 헌법재판소는 세 차례[5] 모두 남성만의 병역의무제가 합헌이라고 결정했다. 말하자면, 성평등에 위배되지 않는다는 판단이다. 그 이전에 한국남성협의회 소속 회원들이 남녀공동병역의무제를 주장하며 헌법소원을 청구한 바 있다. 병역 미필자 세 명은 의무 없이는 권리도 없다며 여성 징병을 요구하는 청구 소송을 냈다.[6] 그러나 절차상의 이유로 심리가 각하되었다.

여성 징집을 주장하는 남성들의 마음은 무엇일까? 10여 년이 지난 오늘날, 그 마음이 거의 세 배로 증가한 것은 무슨 징후일까? 그리고 이 마음은 왜 젠더 갈등의 불씨처럼 여겨졌을까? 어째서 여성 징집은 성평등 논쟁의 정점이 된 걸까? 먼저 여성 징집 발화가 시작된 군가산점제 논쟁에서부터 이야기를 시작하자.

격분하는 말에서 법적 제도 청원까지

'여자도 군대 가라'는 소리가 공공연히 시작된 것은 언제부터일까? 학술 논문과 언론 기사를 따라 추적하면 1994년으로 거슬러 간다. PC 통신 하이텔의 여론 광장 란에 있는 한 토론방은 "여자도 군대 가라?"라는 제목을 걸고 군가산점제에 관한 열띤 토론을 벌였다.

여자 분들 억울하면 군대 가십시오. 가장 적당한 말입니다. 군대 정붙이고 살 사람들은 없다는 겁니다. 아까운 청춘 다 날려버리고 군에서 병신이 되거나 개죽음이라도 당하면 어디 하소연할 데가 없습니다. 가산점. 그거 당연한 겁니다.

이곳 정말 웃기는 군요. 여자도 군대를 가야 한다? 남자들의 기득권을 지키려는 추악한 몸부림인가요?[7]

이 사이버 토론방에서 오고 간 논쟁의 불씨는 군가산점제 폐지를 요구하는 청원서에서 시작되었다. 1994년 6월, 이화여자대학교 교수 75명과 학생 1931명은 청와대, 총무처, 행정쇄신위원회, 정무제2장관실에 청원서를 제출한다.

청원서를 주도한 교수들은 행정고시를 준비하는 여학생들이 아무리 성적이 우수해도 군가산점에 밀려 낙방하는 것을 보면서 청원서를 제출하기로 결정 내렸다.[8] 당시 군가산점제는 현역으로 복무한 군필자에게 800점 만점의 5퍼센트에 해당하는 40점을, 2년 미만으로 군 복무를 한 남성에게는 만점의 3퍼센트에 해당하는 24점을 주었다. 그런데 공무원 시험이 1점으로 당락이 결정될 만큼 경쟁률이 높아진 상황에서 이 제도는 군대를 가지 않는 면제자나 미필자들에게 피해를 주는 것으로 나타났다.

군가산점제는 1961년 제정된 후 어떠한 이의 없이 시행되어오다가 1980년대 후반부터 조금씩 도전받기 시작했다.[9] 사실 군가산점제는 군대에 가지 못하는 사람들뿐 아니라 군필 남성들 사이에서도 형평성이 없는 제도였다.[10] 농사를 짓거나 자영업 등에 종사하는 남성들은 그 혜택이 필요 없었다. 군가산점제 논의는 이렇듯 1999년에 갑자기 시작된 것이 아니었다. 오랜 시간 불을 지피고 열을 가동시킨 사회적 숙제였다. 1994년 당시 여성단체들은 군가산점제 폐지를 요구하는 건의서를 정부에 제출했다. 일부 시민들은 국가보훈처와 정무제2장관실, 행정쇄신위원회에 군가산점제 폐지를 주장하는 민원을 넣기도 했다. 일각에

서는 군 복무 기간이 경력으로 인정되어 호봉에 반영되므
로 이중 혜택이라는 여론도 있었다. 군가산점제 개선에 대
한 여론을 의식한 정부의 관련 부처들은 이견을 좁히지 못
한 채 설왕설래만 했다.[11]

이 와중에 7급 공무원 시험에 응시한 한 장애인이 헌법
재판소에 헌법소원을 제기했다.[12] 1998년 4월이었다. 그해
10월에는 국가공무원 시험을 준비하던 장애인 남성 한 명
과 이화여대 학생 다섯 명도 헌법재판소에 소원을 제기했
다. 시민단체들은 한편으로 피해 사례를 접수하고, 다른
한편으로는 집회와 서명운동을 잇달아 열었다.

1999년 12월, 헌법재판소는 군가산점제에 위헌결정을
내렸다. 군가산점제가 여성과 신체장애인 등의 평등권과
공무담임권을 침해한다고 판단했다. 결국 군가산점제는
폐지되었다. 그 대신 채용 시험에 응시할 수 있는 상한 연
령을 올리고, 임금이나 호봉을 결정할 때 군 복무 경력을
근무 경력에 포함할 수 있는 방향으로 개정되었다.[13]

그러자 일부 여성단체와 이화여대 사이트는 폭탄을 맞
은 듯 쑥대밭이 되었다. 군가산점제 폐지에 반대하는 사람
들이 사이버 테러를 가한 것이다.[14] 여성단체의 업무는 마
비될 정도였다. 이제 제도 논의는 감정 배설로 치달았다.

군가산점제의 불합리를 주장한 장애인들과 남성들은 어느
덧 무대에서 사라지고, 무대는 여성과 남성이 대립하는 구
도로 변질되었다. "여자도 군대 가라"라는 발화는 더 세차
고 격해졌다.

　사이버 논쟁에서 회자되는 이 격분하는 말은 점차 여성
징병제라는 제도의 형태로 구체화되었다. 남녀공동병역의
무제를 주장하는 한국남성협의회의 헌법소원 청구나 남녀
공동병역의무추진위원회의 활동, 병역정의실현국민연합
의 여성징병제 마련 활동 등이 바로 그것이다. 앞서 언급
한 남성들의 헌법소원심판 청구도 물론 빼놓을 순 없다.
이 중 2005년에 한 여성 고등학생이 "여성의 군 입대를 제
한하는 일은 부당하다"며 헌법재판소에 소원을 낸 것은 꽤
유명한 일화이다. 그는 한국남성협의회 소속 회원으로서
남성 회원과 함께 헌법소원을 청구했다. 그는 여성들이 약
자로 대우받는다며, 군대에 다녀와야 평등하게 인정받을
수 있다고 말했다.

　여성 징병 논의가 사회적으로 활발하게 나타난 2005년
전후의 시기는 묘하게도 '개똥녀'에서 시작해 '된장녀',
'김치녀' 같은 '○○녀'로 호명되는 여성혐오 발화가 시작
된 즈음이기도 하다. 특정 사건에서 나타난 여성혐오 발화

가 일반 여성을 대상으로 확장되었다. 그뿐 아니라 여성을 차별하는 법들이 폐지되거나, 이를 개선하려는 운동들이 결실을 맺는 시기였다. 2005년은 가부장제를 법적으로 받쳐주던 호주제가 폐지된 해이다. 또한 남존여비의 대명사였던 유교의 제사 문화에도 변화가 찾아왔다. 후손 중 성년의 남자만 종중 구성원 자격이 있었는데, 그 관습법을 2005년 헌법재판소가 깼다. 이후 여성도 제사를 목적으로 조직한 종중의 회원이 될 수 있었다. 그 이전인 2004년에는 성매매특별법이 국회를 통과했다. 이로써 젠더를 기반으로 하는 폭력에 관한 법의 도안이 얼추 그려진 셈이었다. 1993년 성폭력특별법을 시작으로 가정폭력, 성희롱, 성매매에 관한 법들이 제정된 것이다.

여성 징집의 발화가 사회적으로 급부상한 이면에는 여성을 차별하는 법과 제도가 폐지되어 성평등이 실현된 듯 보이는 환상이 있었고, 이와 더불어 페미니즘에 대한 비난과 여성에 대한 비하가 자리 잡고 있었다. 여성 징집 요구는 마치 '사회적으로 성평등이 다 이루어졌는데 왜 군대만은 전통 그대로인가'라는 항의와 같았다.

국회 차원에서는 병역법 개정안이 거론되었다. 2005년 개최된 국회안보포럼에서 여성의 의무복무 제안은 세간의 주목을 받았다. 당시 재향군인회 여성회 회장이었던 김화숙 예비역 중령은 1년 혹은 1년 반 정도의 여성의무복무제를 주장했다. 2005년 박세환 국회의원은 여성징병제 도입을 골자로 한 병역법 개정안을 제출하려 했으나 불발되었다. 반면 송영선 국회의원은 여성지원병제를 제안하기도 했다.[15] 한편 군가산점제를 부활하려는 국회의 움직임은 지속되었다. 고조흥 국회의원이나 주성영 국회의원 등은 군가산점제를 국회에 상정하면서 군가산점제에 관한 사회적 논쟁을 재촉발시켰다.[16]

당시 정부나 국방부는 이에 대해 구체적인 안을 내놓진 않았다. 단지 국방부는 2009년에 여성들이 일반 사병으로 군에 복무하는 여성지원병제를 검토한 것으로 알려졌다.[17] 그러나 병역 자원을 확보할 방안 중 하나일 뿐 공식적인 검토는 없었다며 여성지원병제 발표를 곧 철회했다. 국방부나 병역보상위원회는 군 복무를 이행한 남성들에 대한 보상제도로 군가산점제 카드를 계속 쥐고 있었으나 군가산점제가 통과되진 못했다. 그만큼 군가산점제는 군 관련자들이 아쉬움을 갖는 애정 담긴 카드였다. 달리 표현해, 군은 발상의 전환을 하지 못하고 있었다. 남성들에 대한 보상은 국가가 예산을 들여서 직접 시행해야 할 일임에도 불구하고 군은 여전히 누군가의 희생을 담보로 하려 하는 안일함을 보였다. 헌법재판소 판결의 취지를 무색하게 만드는 처사였다.

반면 국방부와 3군은 여성 징병보다는 지원제를 통한 여군 모집에 힘을 실었다. 여성 장교의 양성 과정을 확대하고, 여성 군인의 비율을 늘리는 정책을 추진한다. 여성 학군사관후보생ROTC 제도를 신설하고 육군3사관학교도 문을 열었다. 그리고 2022년까지 여성 군인을 8.8퍼센트로 증대하기로 했다.

여성징병제에 대한 입장들

여성징병제를 두고 설왕설래한 논점은 무엇일까? 사회적으로 여성징병제에 관한 사람들의 입장은 어떠할까? 세 가지 결로 가려낸다. 첫째는 여성의 병역의무가 부적절하다고 보는 보수주의자의 불가론이다. 둘째는 급진주의자의 반대론이다. 보수주의자의 불가론처럼 여성 징집을 반대하나 그 이유가 보수주의자와는 다르다. 셋째는 남녀공동병역의무제 찬성론이다. 말 그대로 남녀 모두가 함께 병역의무를 수행하자는 뜻이다.

●— 보수주의자의 불가론

여성 징병을 반대하는 보수주의자들은 몸의 취약성을 그 이유로 든다. 그들에 따르면, 여성은 생물학적으로 군사 활동에 유용한 몸으로 설계되지 않았다. 군대는 전쟁을 위한 것인데, 여성은 체력이 열세이고 임신과 출산을 하므로 군인으로서 부적절한 몸인 것이다. 그래서 여성들은 군사 활동에 효율적이지 않다. 헌법재판소와 국방부가 펼치는 언설의 기본 골격이다.

병역법에 관한 헌법재판소의 결정문은[18] 여성들의 징병 면제 이유로 세 가지를 든다. 여성은 첫째로 전투 수행을 위한 신체 능력이 현저하게 부족하고, 둘째로 월경이나 출산 같은 몸의 특성 때문에 전투 관련 업무 수행에 장애가 있으며, 셋째로 전시에 성적 학대와 같은 폭력에 노출될 가능성이 크다는 점이다. 남성만을 징병하는 것은 최적의 전투력을 확보하기 위한 목적이므로 비합리적이거나 불공평한 처사가 아니라고, 헌법재판소는 판단한다. 여기에는 몸의 성차도 있지만 젠더 규범과 통념도 섞여 있다. 그래서 모든 여성이 체력이 취약하다고 규정짓기 전에, 성차와 군사 활동 직무의 상관관계를 정교하게 분석해야 할 대목이다. 이를테면 임신은 남성과 구별되는 여성 몸의 기능이기도 하지만 모든 여성이 임신을 하진 않는다. 임신은 특정한 기간에 일어나며 임신한 사람에 한정되는 일이다. 그러니 모든 여성이 임신한다는 전제에서 군사 활동에 적합하지 않다는 규정은 온전히 합리적이진 않다.

군의 효율성 차원에서 여성이 군인으로 유용한가 아닌가라는 물음은 꽤 해묵은 논쟁이다.[19] 여성은 체력이 약하고 성적으로도 취약하다는 통념은 여성이 전투에 부적합할 뿐 아니라 군의 결속력을 약화시킨다는 주장을 뒷받침해왔다. 여성의 몸이 부적절하다는 인식은 여성의 군 참여에 관한 여론을 만들기도 했다. 여군들이 걸프전과 이라크전에서 포로가 되거나 전사한 소식들은 사회적으로 여성의 군 참여를 반대하는 목소리에 힘을 실어주었다.[20] "거봐! 여성은 전쟁과 맞지 않다니까"라는 말에서 나타나는 것처럼, 여성 포로는 전래된 문화적 관념들을 확증하는 증거가 되었다.

으레 그럴 것이라는 통념은 전쟁에서 일어나지 않은 일들을 상상하게도 했다. 이라크전에서 제시카 린치Jessica Lynch 일병은 성고문을 받은 적이 없는데도 여성 군인이 포

로가 되었다는 소식만으로 성고문 추측 기사가 나돌았
다.[21] 이러한 형편에서 여성 군인들은 으레 남성 군인들에
게 부담을 주는 존재로 여겨졌다. 여성 군인들은 군대에서
도 보호받아야 할 존재로 이야기되곤 했다.

　이렇듯 '여성'에 관한 선험적 담론은 현실을 구성하고,
여성 군인에 관한 지식을 창출한다. 시대에 뒤처진 성 고
정관념도 여기에 얽혀 있다. 급기야 군 정책 연구자들은
여성 군인의 군사 활동과 군 효율성을 시험하기 시작했다.
혼성부대가 응집력과 임무 수행에 어떤 영향을 미치는가
의 논의는 수십 년 동안 이어졌다. 대체적으로 혼성부대는
전투준비태세와 군 사기에 부정적 영향을 끼치지 않는다
는 결과가 우세했다.

　이러한 자료들을 토대로 엘리자베스 키어Elizabeth Kier와
메건 맥켄지Megan H. MacKenzie는 남성 중심의 동일성으로 조
직된 군대보다 젠더 다양성을 지닌 군대가 응집력이 높다
는 점을 밝힌다.[22] 말하자면, 남성 동성들의 친밀한 관계보
다는 집단의 목표를 성취하기 위해 구성원들이 수행한 공
동 경험과 헌신이 응집력과 임무 수행력을 높인다는 것이
다. 한국군의 문화는 서구의 군 문화와 차이가 있기에 면
밀히 접근해야겠으나, 지금까지 국내 연구는 여성 군인들

의 효능도가 높다는 평가를 냈다.[23]

역사적으로 보면, 여성 징병은 시대 상황에 따라 조정된 사안이었다. 이를테면 전시에는 여성 징병을 촉구했지만, 평시에는 여성의 군 참여를 제한했다. 백병전 시대에는 여성들의 접근이 어려웠지만, 기술 정보전 시대에는 여성들의 참여가 조장된다. 오히려 미래 전쟁의 시대는 우수한 여성들의 진입을 독려한다. 이렇듯 군의 효율성은 여성들의 군 참여를 절대적으로 금지하는 고정된 원리가 아니다. 시대의 조건에 따라 구성되는 가치다. 여성이 군의 성격상 부적절하다고 판단되는 경우든 동등하게 국가안보에 참여해야 한다고 주장되는 경우든, 군 효율성의 진위는 절대적 기준이 아니라 정치적 맥락에서 만들어진다.

여기서 하나의 물음이 무심코 떠오를 것이다. 남성은 상수인데 왜 여성은 변수일까? 왜 남성은 거기에 항상 있는데 여성은 시대에 따라 달라지는 걸까? 그 답은 보수주의자들이 불가론을 내세우는 또 다른 이유에서 찾아볼 수 있다. 보수주의자들의 불가론은 군의 효율성 못지않게 전통적인 성별 분업 이념을 그 근거로 삼는다. 이들의 주장에 따르면 사회문화적으로 여성의 문화는 남성의 것과 달라서 여성들은 군대와 맞지 않는 존재이다. 여성은 평화와

사랑의 상징이다. 군은 전쟁을 위한 것인 만큼 문화적으로
나 체력적으로 여성들에게는 부적절한 일이다.[24] 이로써
전쟁을 하는 남성들이 돌아갈 곳, 전사들을 기다리며 맞이
할 평화로운 곳으로 여성의 자리는 보존된다. 보수주의자
들의 입장은 다시금 '남성 = 군대', '여성 = 출산'이라는
도식을 확증하는 효과를 낸다. 이 구도에서 여성은 군 효
율성을 위해서 필요할 때 동원된다.

●── 급진주의자의 반대론

급진주의자들은 여성징병제가 왜 어불성설인지 논하는
일에 주력한다. 엄밀히 보면, 여성징병제를 반대하는 사람
들의 견해를 다 급진주의자라는 이름으로 묶진 못한다. 그
스펙트럼은 넓다. 여성의 병역의무를 주장하는 이유가 불
순하다는 비판부터 여성들이 병역의무를 수행해도 성평등
은 이루어지지 않는다는 반박까지 다양하다. 그뿐 아니라
병력자원 충분설, 군대 개혁 우선설, 나아가 군사화 확대
설까지 반대하는 이유는 여러 개다.

그중 병역의무는 여성에게 과잉 노동을 안겨줄 것이라
는 목소리가 높다. 법학자 윤진숙은 가사노동과 양육 책임
을 맡은 여성들이 병역의무까지 진다면 이중 부담이 될 것

이라고 주장한다. 남녀평등이 실현되지 않은 상황에서 이것이야말로 여성들에게 차별이 된다고 내다본 것이다.[25] 특히 급진주의자들은 차별의 한 형태로 성폭력을 꼽는다. 군대 안에서 발생하는 성폭력은 남성 중심적인 군 문화를 그대로 드러내는 예시라고 본다.

영문학자 고정갑희는 여성들의 군 참여 반대론을 급진적으로 밀고 간다. 그는 군대를 일자리가 창출되는 성평등한 직업 공간으로 설정하는 사람들의 논조를 비판한다. 군대는 전쟁을 만드는 군산복합체와 연관된 체제 안에 있으므로 이 군사 체제를 변화시켜야 한다는 것이다. 군사 체제는 단순히 군대를 둘러싼 시스템만이 아니라 군사주의, 자본주의, 제국주의, 그리고 가부장제가 서로 결합된 글로벌한 체제다. 여성은 이 군사 체제 안에서 남성과의 동등함을 추구하기보다는 군대 밖에서 다른 차이를 생산하는 방식으로 접근하자고 주장한다.[26] 이를테면 군비 축소 운동이나 병역거부, 전쟁 반대와 같은 평화운동을 제안한다.

성차별주의와 군사주의를 결합한 대표적인 글로는 가람의 〈여성징병제는 과연 '평등'을 가져올 수 있을까?〉를 꼽을 수 있다.[27] 가람은 여성이 군대에 간다고 해서 남성과 동등한 시민권을 획득하거나 남성 중심성이 약화된다고 말하지 않는다. 오히려 여성 군인을 성적으로 대상화하거나 성폭력이 끊이지 않는 현실을 문제 삼으며, 성차별주의와 결합된 군사주의를 해체시켜야 한다고 주장한다. 그리하여 군을 인권 친화적인 공간으로 설계하고, 국방 예산 집행을 감시하며, 병역 비리와 방위산업 비리를 근절하는 노력에 방점을 둔다.

여성징병제가 군사주의를 확장시킬 것이라는 고정갑희와 가람의 논지는 서구의 탈군사화 페미니스트들의 견해와 닮았다. 탈군사화 페미니스트들은 군사 활동의 폭력성에 초점을 맞춘다. 군사안보를 수행하는 군대는 전쟁 준비를 하는 국가 장치로서 직접적 폭력을 행사할 뿐 아니라 평시에도 구조적 폭력을 사회적으로 생산한다고 본다. 특히 그들은 여성과 사회적 소수자, 그리고 자연과 생태에 영향을 미치는 군사 활동을 조명하면서 군사적 가치가 사회적으로 확산되는 군사화를 비판한다. 그들은 군이 성차별주의와 이성애주의, 인종주의가 얽혀 만들어진 제도라고 여기므로 여성이 군에 오면 구조화된 차별에 놓일 것으로 본다.[28]

그러니 급진주의자들은 여성 입대에 반대하거나 무관심하거나 소극적인 편이다. 여성 군인을 주로 피해자로 놓는 접근도 여성 군인에 대한 무관심만큼이나 편협하다. 초남성 공간에서 살아내는 여성 군인들의 다채로운 활동을 면밀히 읽지 못하는 까닭이다. 특히 성폭력을 주된 이유로 거론하지만 성폭력은 비단 군대에서만이 아니라 모든 조직에서 일어난다. 단지 그 맥락이 다르고, 구성되는 의미가 다를 뿐이다.

•— 남녀공동병역의무제 찬성론

남녀가 함께 병역의무를 수행하자고 주창하는 찬성론자들은 두 가지 차원에서 여성의 병역의무를 설파한다. 첫째는 여성인력을 활용하자는 차원이고, 둘째는 국가안보를 남녀가 공동으로 책임지자는 차원이다. 여성인력활용론을 펼치는 사람들은 여성들이 국가 발전에 기여하는 몫을 늘려야 한다고 생각한다. 여성 인적자원이 우수해졌고 여성의 사회적 지위가 향상되었다고 평가하기 때문이다. 또한 저출산 시대에 남성 군인을 대체할 인력이 절실하다는 세간의 여론을 거기에 더한다. 2005년에 여성징병제 도입을 골자로 한 병역법 개정안을 국회 국방위원회에 청원했던 박세환 국회의원과 병역정의실현국민연합의 여춘옥 전 병무청장이 여성인력활용론의 대표 주자다.

또 하나는 국가안보를 공동으로 책임져야 한다는 국가 의무의 차원이다. 찬성론자들은 병역의무를 통해 여성이 남성과 동등한 국민으로서 자격을 가질 수 있다고 믿는다. 일부 퇴역한 여군들과 정치인들의 행보가 도드라진다. 김화숙 전 재향군인회여성회 회장은 2005년 국회안보포럼이 주관한 〈안보, 남성만의 영역인가〉라는 포럼에서 여성의 의무병역을 제안했다. 여성들의 군사 활동 능력은 이미 검증되었다며 14~16개월의 군 복무 기간을 제시했다. 여성들이 병역의무를 진다면 군 복무 기간은 어느 정도가 적당할지에 대한 다른 의견들도 제시되었다. 1년 군 복무부터 4주 군사훈련, 또는 사회복무제까지 다양했다.

찬성론자들은 남녀공동병역의무제의 이점도 말한다. 남성과 여성이 공동병역의무를 수행하면 군 문화가 인권 친화적으로 바뀔 것으로 내다본다. 여성의 군 참여가 폭력적인 군 문화를 바꿀 것이라는 예측은 현직 여성 군인들과 군 연구자들의 소견이기도 하다. 인권 친화적인 군 문화는 두말할 필요 없이 중대한 사안이지만, 여성의 군 진입이 폭력성을 낮춘다는 판단은 젠더 통념을 강화하는 효과를 내기도 한다. 여성은 부드럽고 관계 지향적이며 비폭력적이라는 성 고정관념을 비판적 검토 없이 그대로 적용하는 경우가 많기 때문이다.

2017년 《나는 여성 징병제에 찬성한다》를 펴낸 주하림은 여성징병제에 찬성하는 이유를 세 가지로 든다. 퇴역한 여성 공군으로서 자신의 군 생활 경험을 해석한 산물이다. 첫째, 여성은 적을 알고 싸우는 법을 훈련받아 스스로 힘을 가져야 한다. 즉, 국가와 자신을 스스로 지키는 기술을 습득해야 한다는 것이다. 둘째, 여성이 지금껏 아내와 어머니로서 고립된 가정생활 안에 있었다면 이제는 전우/동지애라는 동질감 안에서 상호 연대하는 경험이 필요하다. 셋째, 여성은 가부장제 사회를 뚫고 나와 보호받는 존재에서 누군가를 지키는 존재로 변신해야 한다.

주하림은 여성들의 의무복무가 강하고 평등한 대한민국을 만들 것이라고 본다. 국제정치의 현실주의자들이 세계를 바라보는 인식이다. 양육강식의 사회에서는 강자가 살아남으니 자조력, 즉 힘을 갖추어야 한다는 것이다. 여성의 병역의무는 남성과 평등해지면서 주체적 국민이 되는 방법이라고 말하는 그녀의 견해는 서구 성평등주의자의 주장과도 통한다.

성평등주의자는 모든 분야에서 여성이 남성과 동등하게 참여하고 책임을 져야 한다고 생각한다. 성평등주의자에

게 평등은 여성이 군에 온전히 진입하지 못하게 만드는 걸
림돌을 제거하고, 여성에게 동등한 참여의 기회를 제공하
는 일이다. 그들은 차별적인 법과 제도를 개정하면 성평등
을 획득할 수 있다고 믿으며, 군 안에서 여성의 전문적인
역할과 권한을 모색한다. 자유주의 페미니스트가 바로 이
입장에 있다. 그들은 여성도 군사 활동을 거뜬히 해낼 체
력과 리더십을 갖추었다고 평가한다. 임신과 같은 여성의
생물학적 요소 또한 조절이 가능하므로 군 참여를 방해하
는 요소가 되지 않는다고 본다.

　성평등주의자 중에는 시민공화주의 입장에서 군 참여를
주장하는 이도 있다. 그들은 여성도 시민으로서 남성과 동
등하게 국가안보에 참여해야 한다고 주장한다. 이는 민주
주의를 이루는 하나의 방법이며, 공공선을 동등하게 책임
지는 일이다.[29] 2011년 이연숙 국회의원은 이렇게 말했다.
여성의 군 참여는 "국민으로서 의무를 이행하는 시민권을
갖는 일이며, 전쟁의 피해자인 여성이 안보 주체자가 되어
전쟁 발발을 억지하는 일이다."[30] 안보의 책임을 여성도 함
께 나누어야 한다고 강조하는 그녀의 입장은 시민공화주
의의 논지와 통한다. 성평등주의자들 중에는 군의 사회적
폭력성조차 남녀가 공동 책임을 져야 한다며 여성의 참여

를 옹호하는 이들도 있다.[31] 여기에는 군의 변화를 기대하는 믿음이 담겨 있다.

그러나 군사안보가 왜 공공선인지, 시민권은 왜 병역의무를 통해서 성취되어야 하는지에 관한 질문은 없다. 더욱이 '여성의 참여 자체가 평등인가'라는 물음에서 나올 수 있는 밀도 있는 논점들은 은폐된다.

남성의 마음은

여성 징집을 요구하는 남성들의 마음은 무엇일까? 왜 그 마음이 점점 커질까? 연구자들과 사회 평론가들은 여성 징집을 요구하는 남성들의 마음을 인정 욕구로 분석했다.[32] 군 복무는 남성들의 시간을 들인 일인데 사회적으로 인정을 받지 못했다고 여기는 마음이라는 것이다. 게다가 여성과 국민을 지킨다는 명분으로 감내한 희생인데, 여성들은 도리어 군 복무를 비하하며 무시하니 이러한 행태에 분통을 터뜨리는 것이라고 보았다. 이 억울함과 사회적 박탈감은 '너도 가서 고생 한번 해봐'라는 보복으로 환치된다.

여성 징집을 주장하는 발화가 격분하는 말임을 보여주

는 조사 결과도 나왔다. 2018년 한국리서치 설문조사에서 "여성은 군인이나 경찰에 적합하지 않다"고 생각하는 집단이 "적합하다"고 생각하는 집단보다 "여자도 군대에 가야 한다"는 생각을 더 많이 하는 것으로 나타났다. 말은 가라고 하지만, 여성들이 실제 군사 활동은 잘하지 못할 거라는 편견을 드러낸다. 그러니 여성 징집 요구는 남녀평등을 논하는 것이 아니라 여성도 '군대에 보내 사람 만들어야 한다'는 감정 배설의 뜻이 크다.

여기서 우리는 군대가 사회적으로 어떻게 작동하는지 눈여겨볼 만하다. 한국 사회에서 군대는 사람들이 사유하고 판단하며 행동하는 일에 영향을 미친다. 사실 "여자도 군대 가라"라는 발화가 안보나 군사 활동을 거론하면서 나온 말이 아닌 경우가 많다. 여성과 관련된 사회 이슈를 이야기하는 곳에서 후렴구처럼 반복되는 레퍼토리다. 군대와 직접적으로 관련 없는 사회문제를 논할 때조차 그 끝에는 "여자도 군대 가라!"는 말이 우후죽순처럼 쏟아진다. 여성에 대한 불법 촬영을 비판하는 집회를 열고 여성들이 의견을 냈을 때도 그랬다.

"진짜 군대 좀 보내야 함."

"그래 알았다. 알았고. 군대도 좀 갔다 와서 당당하게 주장해라."

"그냥 남녀평등 가자. 여자도 군 입대 시키자."[33]

여기에는 여성은 사람이 덜되었다는 비하와 이기적이라는 편견이 들어 있다. 군대를 가야 사람이 된다는 통념도 배어 있다. 따져보면 이 말은 여성에게만이 아니라 군대를 아직 안 갔거나 못 간 남성에게도 한다. 즉, 군대를 가지 않은 이는 세상을 잘 모르는, 덜 성숙한 사람이라는 것이다. 한국 사회에서 군대는 이렇듯 사람을 평가하는 잣대로 사용될 만큼 특별한 권위를 지닌다. 군필자의 우월감은 여기서 나온다. "여자도 군대 가라"는 말은 군대의 권위에 기대어 발화되는 동시에 군대의 권위를 더 꼿꼿이 세운다.

그런데 20~30대 남성들의 마음은 복잡하다. 인정 욕구만으로 다 설명할 수 없다. 지금의 20대 남성들은 군 복무가 사회생활을 위한 보험이라고 생각하지 않는다. 기성세대의 남성들은 군 복무 후 사회에 진출하면 군필자로서 우대받고 사회적 자본으로 돌려받았다. 남성으로서 인정도 받고 경제적 우선권도 선취할 수 있었다. 그러나 지금의 20대 남성들은 보이지 않는 호혜성이나 외상 거래는 신뢰하지 않는다. 천관율과 정한울은 지금의 20대 남성들은 현금

거래의 원리로 세상을 바라본다고 진단한다.[34] 경쟁 사회
에서 손익계산에 최적화된 지금의 20대들에게 남성만의
병역의무는 투자 손실인 셈이다. 그것도 자유로운 투자가
아니라 강제적인 복무다. 남성들에게 병역의무는 차별로
여겨진다.

공정성은 이러한 남성의 마음을 정당한 것으로 설명하
는 논리다. 남성만 의무적으로 군대에 가는 것은 남성에
대한 차별이다. 여기서 남성들은 공정성을 '똑같이'로 여
긴다. 그래서 성평등은, 남성이 군대에 간다면 여성도 가
야 한다는 '동일한' 행위를 뜻한다. 그것이 평등이라고 생
각한다. 한국 남성들에게 무슨 일이 일어나고 있는 걸까?

신자유주의 시대, 병역의무

신자유주의 경쟁 체제는 남성'만'의 병역의무제를 회의하
도록 만든다. 역사적으로 남성만의 병역의무제는 공공연
하게 의심받은 적이 없다.[35] 국민으로 호명된 남성들은 국
가의 병역의무가 당연하다고 여겨왔다. 물론 병역법이 안
정적으로 실행되기까지 시간은 걸렸으나, 징병제의 정착

은 근대화와 밀접한 관련이 있다. 당시 근대적 경제 부흥은 공산주의를 이기는 길이었으며, 강한 군사력으로 이루어진다고 여겼다. 정치학자 문승숙에 따르면 한국의 근대화는 병역 이행을 산업경제활동으로 대체하거나 연계해 군사와 경제를 긴밀히 연관시키는 방식으로 진행되었다. 남성은 병역과 경제활동을 통해 국가에 통합되며, 그 과정에서 경제적으로 우월한 위치를 부여받았다.[36] 남성만의 생계부양자 위치는 안보 주체자라는 자리와 함께 남성을 남성답게 만든 것이다.

그러나 1990년대에 경제구조가 변화하면서 근대적 남성성은 도전받기 시작했다. 근대화의 중추를 이룬 중공업 산업은 점차 사양화되고 금융업, 서비스업, 정보기술산업이 부상했다. 이제 노동시장은 평생 고정되고 안정된 일자리보다는 유연한 노동력을 특징으로 한다. 이 변화하는 환경에서 남성만의 생계부양자 모델은 남성들에게 현실적으로 도달할 수 없는 이상이 되었다. 안정된 경제력을 확보해야 남성으로서 인정받을 수 있다는 남성성 담론은 허언처럼 여겨졌다. 게다가 1999년 헌법재판소의 군가산점제 폐지 판결은 남성들에게 병역의무 수행에 대한 허무감을 안겨주었다. 자기계발을 하고 취직 준비를 해야 할 시기에 이루어지는 군 복무는 실질적 보상이나 자긍심은 없이 희생만 있다고 여기게 된 것이다.

이제 20~30대 남성들은 군 복무를 '시간 낭비'로 읽는다. 심지어 군 복무는 그 이전에 경험해보지 못한 비인간적 취급을 받는, 꽤 낯설고 후진 삶이다. 군대에서는 쓸모없는 사람으로 분리되거나, 찍혀서 왕따를 당하거나, 미쳐버리거나, 상식적이지 않은 일들을 겪게 된다. 개인주의를 바탕으로 인권의식이 높아진 사회에서 성장한 이들에게 군인이 된다는 것은 때로 비합리적인 경험이다.

> 위계질서를 넣어가지고 그렇게 … 군이 여기에서 해야 된다는 … 그런 것은 딱히 없는 것 같아요. 고생한 것을 되게 낭만화한다고 할까요? 아름다웠던 것처럼 얘기를 하는데 좋은 경험 줄 수 있기도 한데 왜 모든 것을 군이 사서 하냐는 생각이 항상 있는 거죠. 굳이 할 필요가 없는 것들 많죠. 군대에서 하는 것들.
>
>   - 공군 예비역 A[37]

> 진짜 밑에서도 바보 취급당하고 위에서도 바보 취급당하고 약간 평균에서 벗어난. … 병사들이 인권침해 안 당하고 군

대생활을 잘할 수 있게, 군대 가서 이상해지지 않게 해야 하
는데.

— 육군 예비역 A[38]

제가 겪은 군대는요 되게 단순하고 약간 후진적인 조직이었던
걸로 기억을. 그런 느낌이었죠. 돌이켜보면. 일반 사회에 비하
면은 그냥. 일반 병사 입장에서는 시키는 단순한 일만 잘하면
은, 그런데로 굴러가는 그런 조직이었으니깐요. 지금도 그런
것 같기는 한데 얘기 들어보면은. 사람들을 징병으로 해가지
고 그냥 쓸 수 있으니까 … 별로 그렇게 많은 요구를 하지 않
는 거 같아요. (군대는 사회 적응에 도움이 된다는 말에 대해서는)
그 시간을 버렸다는 것을 부인하고 싶은 거 아닐까요 혹시?
저 사실 진짜 시간 낭비였다는 생각이 많이 들거든요. (웃음)

— 육군 예비역 B[39]

많은 남성들은 아버지 세대와 달리 병역의무에 관해 회
의를 품고 있으나, 자신이 변화시킬 수 없는 영역으로 생
각한다. 그들은 선택할 자유권이 없는 병역을 국가권력의
절대 권한으로 여긴다. 그래서 받아들이고, 그저 무사히
지나가기만을 바란다. 또는 어차피 해야 할 업이라면 자신

의 이익을 확대할 수 있는 자기계발의 장으로 변용한다.

분단사회에서 군사안보의 절대성은 여전히 강하게 작동하나, 병역의무가 국민의 도리나 남성의 혜택이라고 생각하는 정도는 점차 약해진다. 이 격차는 남성들에게 꽤 혼란을 준다. 하지만 대부분의 남성들은 군사안보나 군대 제도 자체를 의심하지 않는다. 군대는 여전히 당연하고 절대적인 신화이다. 군대는 항상 거기에 있는 법적 권력이다.

세계적으로 병역제도 안에는 병역을 거부할 권리가 있다. 병역거부권은 유엔 인권위원회 제77호 결의안에 명시되어 있지만, 한국인들은 병역을 거부할 권리를 인정하려하지 않는 경향이 크다. 그들에게 병역거부 인정은 공정성에 어긋나는 일이다. 이를 사회 저명인사들의 아들들이 합리적 이유 없이 군 면제를 받는 것과 같은 선상에 놓거나, 병역기피와 다를 바 없다고 생각한다. 그래서 병역을 선택할 자유권을 스스로 축소시킨다.

군사안보가 절대적인 명제일수록 어떤 사람들은 군사제도를 의심하기보다는, 징집되지 않는 여성들에게 그 격차에서 오는 억울함을 쏟아낸다. 누구나 똑같이 군대를 가야한다는 공정성 담론이 남성 사회에서만 작동하는 것을 넘어 병역의무가 면제된 여성을 겨냥하는 시대가 되었다. 때로 남성만의 징병제는 페미니즘에 대한 공격의 탄환이 되기도 한다. 이러한 현상들은 더욱더 남성과 여성이 대립하는 것처럼 보이게 만든다. 마치 젠더 갈등의 중심에 병역의무제가 도사리고 있는 듯 말이다.

성 전쟁의 전선이 되다

오늘날 청년 세대의 한국 남성들은 '여성의 일과 남성의 일은 뚜렷이 구분되지 않는다'고 여긴다. 여성은 집 안에서 일하고, 남성은 집 밖에서 일한다는 성별 분업은 생활 문화와도 일치하지 않는다고 본다. 무엇보다 남성의 외벌이만으로 살아갈 수 없는 경제적 현실도 있다. 실제로 남성만의 생계부양자 모델은 점차 약해지고 있다. 공간을 분할하고 그에 따라 다르게 할당한 성 역할은 오늘날 시대에 뒤처진 사고로 여겨진다.

심지어 저널리스트 해나 로진Hanna Rosin은 《남자의 종말》이라는 책에서 여성들이 지배하는 시대가 온다고 말한다. 지난 몇 십 년 동안 남자 일색이었던 일들에 여성들의 진출이 늘어나고 있다는 생각에서다. 한국 사회를 보면 이는 다소 과장된 진단이다. 하지만 어느 시대든 변화는 진행된다. 강한 남성의 이미지를 표방하는 소방관이나 군인과 같은 직종에서 여성이 활약하는 정도가 점차 커진다는 점은 뚜렷한 변화다.

남성들도 예전과 같지 않다. 한결 부드러워졌다. 피부를 관리하고 몸을 만든다. 장을 보고 요리하며 아이를 돌보는 일에서 생의 즐거움을 찾는 남성들도 심심찮게 본다. 터프가이나 상남자는 웃음을 주는 개그 소재가 될 정도다. 〈20~30대 남성들의 하이브리드 남성성〉 연구를 하면서 만난 남성들은 "터프함과 강한 힘, 허세와 근육으로 상징되는 남성성은 시대에 뒤떨어졌다"고 평한다. 사회는 강한 남성성만이 아닌 다양한 태도와 능력을 요구한다고 말한다.

물론 꽤 많은 남성들은 여전히 친밀함이 이루어지는 사적 공간에 진입하기를 머뭇거린다. 여성들은 공사公私의 공간을 구별하지 않고 여러 일들을 동시에 해내는 초인 종족으로 변이하고 있지만, 남성들은 공적 영역에만 머무르려는 경향이 더 크다. 어떤 남성들은 직위의 권력을 통해 존재감을 느끼고 가부장의 역할을 통해 남성성을 유지하며 그 생활 방식을 고수하려 한다. 가사노동을 하고 자녀를 양육하는 일에 동참한다고 해도 여성을 도와준다는 차원에서 피상적으로 머무는 경우가 많다. 비록 그렇다 할지라도 문화 재현이든 일상의 현실이든 성별 분업의 엄격한 경계는 예전만 못하다.

그런데 한국 사회에서 남성과 여성을 가를 수 있는 제도가 있으니, 그건 바로 군대다. 엄밀히 말하면 남성만의 병역의무제이다. 남성징병제는 군대를 가는 남성과 군대를 가지 않는 여성으로 세상을 분류하는 기준점이 된다. 그러니 남성과 여성의 차이를 생산하고 전시하는 공간으로 적격이다. 군대 이슈는 곧 성 전쟁의 전선이 된다.

•— 군대 대 출산이라는 구도

특히 '여성만'의 것과 '남성만'의 것에 집중하다 보니 출산은 짝패처럼 등장한다. 1999년 7~8월 무렵 대통령 직속 여성특별위원회 홈페이지의 '나도 한마디' 코너에서 그 도화점을 볼 수 있다.[40] 한 여성 네티즌은 "남자가 군대를 간다면 여성은 출산의 고통을 겪는다"며 "남자 군필자들에게 가산점을 준다면 산모들에게도 가산점을 줘야 한다"고 주장했다. 이 글은 논쟁의 불을 지피며 천파만파 퍼졌다. 이후 대립적 논쟁은 반복되고 확대 재생산된다. 2013년에는 새누리당의 신의진 국회의원이 '엄마가산점제'를 입안

하겠다는 발표까지 나왔다. 출산과 육아 경험이 있는 여성들이 취업할 때 가산점을 부여받는 정책을 검토한다는 것이다.

그런데 군 복무와 출산의 구도는 한 개인이 창작한 발언이라기보다는 그 이전부터 한국 사회가 전반적으로 공유한 사회문화적 사유의 산물이다. 남성은 군인이 되고 여성은 어머니가 되는 이 구도는 근대사회의 징병제를 이루는 기본 설계도다. 징병제는, 남성은 경제와 군사 영역에서 일하고 여성은 가정을 돌본다는 성별 분업의 이념을 토대로 형성되었다.

이 설계도는 조금씩 수정되고 있으나, 공적 영역에서 일하는 여성의 발목을 잡는다. 자녀 양육은 여전히 여성의 몫이라고 여기거나 여성은 섬세한 일을 잘한다고 보는 등의 편견 때문에, 여성은 특정한 업무에 배치된다. 심지어 여성은 남편이 돈 버는데 집에 가서 아이나 보라는 말을 듣기 일쑤다. 성폭력은 여성들을 일터에서 밀어내고 지속 가능한 여성들의 일자리를 축소시킨다. 따져보면, 여성들이 노동시장으로 진출하는 분야도 주로 집에서 하는 일의 연장이다. 여성들은 판매 서비스, 돌봄, 사무 같은 직종에서 주로 일한다. 이처럼 여성성은 개별 여성의 능력과 태도를 규정하거나 규범화한다. 군도 예외는 아니다. 여성의 연약한 몸은 군인이 되기에 부적합하지만, 다시 말해 능력이 부족하지만, '여성적인' 업무를 통해 애국 일에 참여할 수 있다는 내용이 국방부의 홍보 영상물에 반복적으로 담긴다.

그러나 그 무엇도 남성만의 것, 혹은 여성만의 것으로 온전히 일치하지는 않는다. 군대는 반드시 모든 남자가 가란 법이 없고, 출산은 모든 여성이 꼭 하란 법은 없다. 그럼에도 불구하고 그러한 행위doing는 남자와 여자에게 각각 할당되어 고정된 '역할'이 되었다. 그리고 남자는 무엇인가, 여자는 무엇인가를 설명하는 토대가 되었다. 그 과정에서 이 행위들은 '본래' 그런 것처럼 자연스러운 본연성을 획득한다. 군사 활동은 남성의 몸에 적격이라고 말하지만, 엄밀히 말하면 남성의 몸에 맞추어 발달되었다. 남성들이 주로 전쟁을 다루면서 남성의 몸은 그 일에 적합하도록 진화된 것이다. 전쟁 또한 남성의 욕망에 맞추어 그 형식과 전략이 발전되었다. 특히 강함과 정복, 지배, 진화와 발전이라는 가치는 근대국가와 군대, 남성성을 서로 연결하며 이들을 구성하는 요소가 되었다.

●— 동일성의 신화

무엇보다 근대국가의 징병제도는 남성들 간 차이들을 지우고 '남성'이라는 섹스를 기반으로 남성 범주를 만든다. 가장된 동일성을 가정하며 모든 남성은 동질적이고 평등하다는 명제를 전제한다. 그래서 군대가 신분제 사회를 무너뜨리고 평등한 민주주의를 이루는 데 기여했다는 평가도 있다. 한편으로는 일리가 있지만, 사실상 남성들 사이의 평등을 이루기보다는 젠더에 의존해 남성의 동일성을 평등으로 가장한 셈이다.

남성들 간에도 차이가 있다. 경제적 계층, 학력, 성적 지향, 문화자본, 연령, 지역, 장애 여부 등은 남성들의 삶을 다르게 구성한다. 이 차이에 따라 군 복무의 경험도 달라진다. 군가산점제가 사회적으로 논쟁이 되었던 즈음, 1997년 대선 후보자 아들의 병역기피 의혹이 남성들의 분노를 자아냈고, 2002년 가수 유승준의 병역면제는 그를 국가 밖으로 퇴출시키는 집단적 여론을 터트렸다. 남성들의 마음은 설문조사 결과에서도 그대로 투영되었다. 2007년 한국여성정책연구원이 펴낸《군 복무에 대한 사회통합적 보상체계 마련을 위한 정책방안 연구》에서 남성들은 사회의 형평성을 위한 과제로서 징집의 투명성을 가장 중요한 요소로 꼽았다.

군의 동일성은 이렇듯 허약한 토대 위에서 이루어진다. 그리고 초남성hyper-masculine 공간을 생산한다. 초남성 공간이란 남성의 수가 압도적으로 많음을 뜻한다. 역사적으로 군대는 남성의 공간이었고 남성의 일이자 역할이었다. 초남성 공간은 매우 극단적인 남성 공간을 말한다. 그뿐 아니라 초남성 공간은 남성성 원리를 군인되기의 규범으로 삼는다. 단순히 남성의 수가 많은 남성 편향적 조직문화와는 성격이 다르다. 군인다움, 즉 '군인은 무엇인가'의 이상을 표상하는 지배적 통치규범이 남성성 원리로 조직되고 운영되는 공간이 바로 초남성 공간이다.[41] 국방부가 전투를 군의 핵심으로 놓고 남성적 전사 에토스를 표본으로 내세우는 만큼, 남성성 원리는 군의 통치양식이라고 말할 수 있다. 군인되기는 이러한 군의 통치양식을 자기통치로 삼아 수행된다. 여성들이 군에 진입한다고 해서 자동적으로 남성 중심성이 해소되지 않는 까닭이 여기에 있다.

군대가 남성 동일성으로 조직된 것은 자연스러운 과정이 아니라 사회문화적으로 구성된 것이다. 본래 그런 것이 아니라 만들어졌다. '모든' 남성을 군인으로 지정하며 모든 남성에게 동일한 기회를 부여한 것도 아니었다. 근대사회에서 시민이 될 수 있는 남성으로 제한했던 점을 기억하면, 모든 남성이 군인이 된 것도 아님을 알 수 있다. 그러나 군은 남성의 동일성을 우선시했고, 동일성은 군의 효율성을 높이는 최적의 원리로 구상되었다.

　이 이야기를 길게 하는 것은 군대 이슈가 성 대결 구도를 이룰 만큼 여성의 대척점에 있는 것만은 아니라는 뜻에서다. 군의 통치규범과 통치양식이라는 점에서 본다면, 남성만의 징병제는 국가가 조정하는 사회의 일부라는 점도 알 수 있다.

군대는 갈 만한 곳인가

여성혐오의 발화 끝에 등장하는 남성들의 여성 징병 촉구는 이제 억울함의 호소나 사회적 박탈감에서 비롯되는 것만은 아니다. 지금의 여성 징병 논란에는 여성혐오 발화부터, 시대가 변했으니 여성들도 '군대에 갈 만하다'는 견해까지 여러 결의 층위가 있다.

　일부 지식인들은 여성이 군대에 갈 만하다고 본다. 그래서 여성징병제를 환영하거나, 이를 기회 삼아 여성이 군대에 갈 만한 성평등한 국가를 만들자고 피력한다.[42] 물론 "군대 가라!"와 "군대에 갈 만하다"는 다른 목소리다. "군대에 갈 만하다"가 세상의 변화를 감지하는 하나의 반응이라면, "군대 가라!"는 사회적 박탈감의 표출이자 여성혐오가 다분한 감정적 반응이다. 이 둘은 혼재되어 구별하기가 힘들 때도 있다. 그런데 지금은 '군대 가라!'만이 아니라 '군대에 갈 만하다'는, 다른 눈길도 속속 출몰한다.

여성을 구성하는 사회적 조건이 달라지고 여성의 위상도 달라졌기 때문이다. 그렇다고 해서 성평등이 이루어졌다는 이야기는 단연코 아니다. 여성들이 자신들을 제약하던 구조를 뚫고 나와 법과 제도를 바꾸며 공적 영역에서 능력을 발휘해온 역사가 있다. 그 시기를 살아온 사람들은 이제 여성도 군대에 갈 만하다는 생각에 이르렀다. 군에 지원하는 여성들이 증가했고, 군사훈련도 거뜬히 해내는 것을 이미 보아왔지 않은가. 실은 여성들이 군대를 못 갈 만큼 병약자는 아니며 여성에 대한 군 복무 면제는 가부장적 사회가 조장해온 제도인 것은 틀림없다. 최근 영화들은 눈에 띄게 변화한 여성상을 재현한다. 여성은 공룡과 싸우고 남성과도 힘을 겨룬다. 심지어 남성 독재가 지배하는 적진에 들어가 새 땅을 건설할 꿈을 꾼다.

여성 징병 요구는 사회가 변화했다는 신호다. 근대개발사회에서 구성된 젠더 역할이 신자유주의 자기경영사회에서 어긋나고 있다는 징후이다. 남성만의 병역의무제가 젠더 갈등을 일으키는 요인은 아니다. 젠더 지형에 변화가 생긴 시대가 남성만의 병역의무제를 소환해 트러블을 일으키는 것이다. 남성들 간의 형평성 문제를 제기한 웅성거림이 이제 공정성이라는 이름 아래 여성들에게로 향한다. 이 가운데 우리의 사회적 논의가 여성이 군대를 가느냐 마느냐의 여부를 따지는 논의로 수렴되어서는 곤란하다. 더 나은 논쟁의 방향은 '여성'이 군대에 가느냐 마느냐가 아니라 '군대'는 갈 만한 곳인가다. 젠더 갈등이 아니라 '군대'가 논의의 초점이 되어야 한다.

그리고 젠더 지형이 어떻게 변하는지 짚어야 하고, 웅성거림의 다양한 결도 펼쳐놓아야 하며, 젠더 관계의 변화가 군대 문화를 어떻게 재편하는지도 살펴야 한다. 그것이 먼저다. 이 이야기를 펼치기 위해 여성 군인의 위치와 표상을 톺아보는 것에서 시작한다. 여성 군인은 사회적으로나 군 안에서 무엇이었을까?

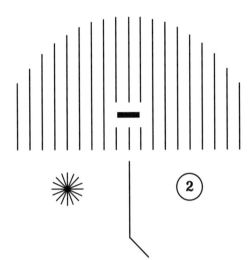

**분리에서 통합으로,
여군의 역사**

국가와 병역법, 국민되기

우리나라가 유사 이래 처음 보는 징병제를 실시하게 되어 우리 국민된 장정들의 기쁜 마음은 무엇으로 표현하였으면 좋을는지 알 수 없습니다. …… 남아가 이 세상에 나서 국가와 민족을 위하여 생명을 바치고 군문에 나가서 용감하게 싸우는 국민된 본분을 다하고 청년의 의무를 다하는 것으로 생각합니다.[1]

징병제가 실시된 후 열린 첫 입영식에서 징병제를 대하는 징집자의 소감이다. 남성이 군인이 되는 것은 국민의 도리이며 청년의 의무라는 대목이 눈에 띈다. 그러니까 남성이란 모름지기 국가를 위해 군인이 되고 국민이 된다는 뜻이다. 남성과 군인, 그리고 국민이라는 각각의 개념이 병역의무를 통해 서로 연결된다. 이는 단번에 이루어진 것이 아니라 오랜 시간이 걸렸다. 그 과정에는 법과 도덕, 담론이 작동했다.

사회학자 김청강은 〈국가를 위해 죽을 권리〉라는 글에서 남자라면 누구나 수행해야 할 국민의 의무라는 담론이 병역법의 시행으로 형성되고 수행되었음을 논한다. 1949년 8월 공포된 병역법은 근대 징병제의 시발을 알렸다. 그러나 국민개병제의 성격을 띤 징병은 본격적으로 시행되지 못했다. 미국의 군사원조와 병무 행정 등 여러 사정으로 징병이 순탄치 못한 시기였다. 비록 1950년 1월 15일 첫 입영이 이루어졌으나 징병 검사가 재차 연기되는 상태에서 그해 6월, 한국전쟁이 발발했다.[2] 징병은 파행적으로 시작되었다. 가택을 수색하고 길거리에서 남성들을 징집해야 하는 상황이었다.

남성은 전통적으로 군대에 가긴 했지만, 당시만 해도 국민의 의무라는 생각이 오늘날처럼 강하진 않았다. 사실 군 복무가 사회경제적인 권리를 획득하는 안전한 길은 되지 못했다. 서구 사회에서는 병역이 사회경제적 권리를 획득하는 시민권 행사였지만, 역사적으로 그 경험이 부족했던 한국 사회의 남성들에게 군 복무는 위험하고 피해야 할 부정적인 것으로 인지되었다. 전쟁이 끝난 후에도 남성들의 동원은 경제적 혜택으로 이어지지 못했다.[3] 남성이 군인이 되는 그 길이 국민의 도리라는 담론은 오히려 이념에 의해 강화되었다고 할 수 있다. 국가의 반공주의와 젠더 규범은 남성과 군인, 국민을 잇는 이념적 접착제였다. 특히 한국전쟁은 개별 사람들을 국민으로 묶고 호명하는 역사적 사건이 되었는데, 국민이라는 집단의식은 한국전쟁을 반복적으로 기억하면서 만들어졌다.[4]

징병제가 제도적으로 안착되기 시작한 것은 1962년 주민등록제도가 시행되고 확립되면서부터다. 인구를 파악하고 관리할 수 있는 행정 시스템을 갖추자 징병제는 점차 틀을 갖추기 시작했다. 그리고 한층 강화된 남성만의 병역의무 실행은 공공 도덕이 되었다. 병역 미필자들에게 가한 엄벌은 병역 이행을 누구나 다 해야 하는 것으로 생각하게 만들었을 뿐 아니라 도덕적 규범으로 여기게 했다. 1973년에는 병역기피가 위법일 뿐 아니라 도덕적으로 몹쓸 행위로 거론되었다. 뺑소니, 유괴, 마약, 보건, 폭력과 함께 6대 사회악으로 취급될 정도였다.[5] 심지어 그 가족들은 퇴직 압력을 받는 일이 빈번했고, 정부 보조금도 제한받았다.

병역을 이행하지 않은 자의 집 대문에는 '기피자의 집'이
라고 쓴 명패가 달리기도 했다.[6] 유신 시대를 거치면서 병
역거부는 국가를 배신하는 반역행위로 단죄되었다. 병역
은 그렇게 법적 의무를 넘어 도덕적 의미를 갖는다.

　게다가 군 복무는 경제적 고용과 깊은 관련을 맺었다.
군 복무를 이행하지 않은 남성은 취업하기가 힘들었다. 당
시 정부는 병역 미필자를 고용하는 기업에게 처벌이나 제
재를 가했다. 적극적으로는 병역 이행을 산업경제활동으
로 대체하거나 연계해 남성을 경제적으로 유리한 위치에
세웠다. 특히 산업지원을 위한 병역특례제도는 병역의무
자들을 중화학 공업 등에 배치해 남성들에게 직업 교육과
취업 기회를 제공했다. 병역은 경력으로 인정되었고 병역
필은 공공 기관 시험에서의 가산점이나 더 나은 급여를 뜻
했다. 정치학자 문승숙은 군 복무가 남성이 져야 할 국민
의 의무임을 남성들에게 주입시키기 위해 다양한 장치가
작동했다고 설명한다. 그중 병역을 고용과 긴밀히 연결시
켜 남성에게 경제적 혜택을 우선적으로 준 점이 주효했음
을 논한다.[7] 근대화 과정에서 남성은 여성과 달리 병역과
경제활동을 통해 국가에 통합된 것이다.

　사회적으로 군대에 갔다 와야 사람이 된다는 말은 국민

들 사이에서 이제 상식처럼 여겨진다. 군 복무가 사회생활에 도움을 준다고 생각하는 20~30대 남성도 꽤 많다. 한국여성정책연구원이 1000명의 남성에게 물었더니 응답자의 46.9퍼센트가 군 복무의 이점으로 조직 적응력을 꼽았다.[8] 군 복무는 당연한 통과의례이자 사회생활의 전거가 되었다. 철이 없거나 어떤 일에 서툴면 "군대를 안 가서 그래"라는 말은 흔한 말이 되었다.

그런데 '모든 남성'이 똑같이 입대 자격을 부여받은 것은 아니었다. 병역법에 따라 '외관이 명백하게 혼혈'인 남성은 입대가 허용되지 않았다. 그러나 한국 남성과 아시아 국가에서 온 여성들의 국제결혼이 증가하자 2010년부터 다문화 2세도 현역병으로 입대할 수 있게 되었다. 성 소수자들 또한 마찬가지로, 이성애주의 틀에 맞지 않는 남성들은 온전히 허용되지 않았다.[9] 지금도 군대에서 동성애자는 교정해야 할 대상이고, 성적으로 과잉 상상되는 오명을 받는다.

그러니 징병제 사회에서 군대에 간다는 것은 법적 의무를 이행하는 것만은 아니다. 병역 이행은 남성이 남성답게 사는 법을 지도한다. 사회적으로는 남성이 국민이자 보편자라는 위치를 고수한다. 그래서 병역의무제는 누가 국민이고 누가 예외인지를 나타낸다. 이 경계에는 젠더, 섹슈얼리티, 인종이 작동한다. 그래서 '정상적 남성의 표준은 무엇인가'도 알려준다. '정상적 남성의 표준'은 군 복무를 한 이성애 한국 선주민 남성이라고 말할 수 있다.

그런데 경제구조가 변화하면서 남성만의 병역의무는 시간 낭비라는 타이틀을 얻게 되었다. 누구나 공평하게 군대를 가야 한다는 여론과 함께 징병은 강화되었으나, 남성과 군인, 그리고 국민의 이념적 연결성은 약해지고 있다. 이 가운데 군은 군인의 인권을 향상하고 군 복무를 취업과 연계하겠다는 취지로 자기계발 교육을 인적 개발 사업과 연결시킨다.

여성에게 군대란 무엇일까? 역사적으로 보면, 병역법은 여성을 비국민이자 예외 존재로 두었다. 그리고 근대화 과정에서 여성은 가정의 관리자로 자리매김되었다. 그래서 군대는 군인이 되고자 한 여성들에게 도전이자 능력 발현의 공간이 되었다.

군인이 된 여성들은 사회적으로나 군사적으로 어디에 있는 걸까? 여성 군인은 사회적으로 무엇인가? 이를 역사의 흐름에 따라 살핀다. 여성들이 한국전쟁에 참여한 시기(1949~1954), 여군들이 특수병과에서 일한 남녀분리 시기

(1955~1989), 그리고 여군들이 각 일반병과에서 남군들과 함께 일한 남녀통합 시기(1990~현재)로 나뉘어 본다. 물론 남녀통합 시기에도 여군 활동의 의미는 구별된다. 여군이 남군과 별도로 군사훈련을 받았던 1990년대와, 남군과 함께 훈련을 받는 2000년대에는 차이가 있다. 사회가 변화하면서 여군들의 위치가 달라졌고, 그 의미도 다르게 구성되었다.

외부이자 잔여: 한국전쟁 시기

한국전쟁 때 여성을 병사로 동원한 것은 병력 부족을 해소하기 위해서였다. 해군 여성의용군을 모병할 당시 해병대 사령관 신현준 대령은 "일선으로 출동하는 남자 해군들을 대신하여 여자들에게 후방지원 업무를 담당시키는 것이 효율적이라는 판단 아래 입대를 허용했다"고 증언한다.[10]

그뿐 아니라 여군은 "남자들의 군 입영 의욕을 고무시키는 좋은 본보기"로서 활용되었다.[11] 1950년 8월 23일 부산지구 계엄사령부에서 발표한 여성의용군 모집 담화문은 전투를 회피해 숨어버린 "비겁한 사나이의 자성"을 촉구한다.

> **여자는 총후에 있어서 남자 대신 역할을 다함으로써 국가에 봉공하자는 것이 여자의용군 중요 취지다. 그런데 요즘은 모병을 실시하고 있는 이 중대한 위란기임에도 불구하고 일부 비겁한 남자들은 이를 회피하기 위하여 각처를 돌아다니며 자취를 감추고 있는 경향이 많은 모양인데, 이러한 태도에 많은 우리들 여성들은 통한을 금할 수 없는 바이다. 남녀를 막론하고 이 시국을 재인식하여서 국가총력으로 최후의 평화를 획득할 때까지 싸워야 할 것이다.[12]**

담화문에는 '여자도 하는데 어찌 남자가 회피하는가, 비겁하다'라는 어조가 흐른다. '여자도 하는데 어찌 남자가'라는 어법은 남성을 만드는 과정에서 종종 활용되는 방식이다. 남성이 해야 할 남성성 규범을 행하지 않을 때 '계집애처럼'이라고 말하듯이, 여성을 빗대어 말하는 것은 남성에게 조롱이나 비난이 된다. 이때 여성은 '남성은 어떠해야 하는가'를 보여주는 부정적인 거울이자 남성을 남성답게 만드는 자극제다. 남성은 '군인'으로서 국가를 지키는 자이므로 그 역할을 수행해야 한다는 것이다.

게다가 남성이 여성을 보호하고 지켜야 한다는 젠더 이념은 전장 속 여군에게까지 적용되었다. 1951년 전투임무를 지원하던 권이순 이등중사(현재 병장)가 강원도 속사리에서 전사하자 "여자까지 전사하게 해서야 되겠느냐"며 그해 8월, 여군 전원을 후방으로 철수시켰다.[13] 비난하는 남성 군인들의 목소리가 커졌기 때문이라고 한다. 여성이 있어서는 안 되는 장소에 여성을 배치한 군의 책임을 힐난한 것일 수도 있고, 여성을 보호하지 못한 남성성 훼손을 질책한 것일 수도 있다.

이는 군대와 전쟁 그리고 전장에서 여성은 무엇인가를 드러내는 장면들이다. 한국전쟁에서 여성이 군인이 된 것은, 남군처럼 국가의 공적 소환에 의해 의무적으로 이루어진 것은 아니었다. 그러나 여성들에게도 참전은 국민되기의 실천이었다. 반공 이념을 구축하는 국가에게 참전을 통해 응답한 것이다. 그런데 여성은 남성과는 다르게 편입되었다.

모병 과정부터 군사 임무 수행까지 여성들은 남군과 동등한 국민으로서 군인이 되지 못했다. 여군들은 주로 행정 업무를 맡았다. 일부 여군들이 자신에게 지정된 업무에 불만을 품고 퇴역했다는 기록은 눈길을 끈다. 육군 여자의용군 2기생 최환희의 증언이다.

사단에서 전투임무가 아닌 행정임무를 부여한 점이 불만이었고, 여자의용군의 활용이 미흡했다고 생각한다.[14]

"엄격한 신체검사"를 통과해 제식교련, 총검술, 사격훈련, 포복훈련 등 신병군사훈련을 받은 육군 여군들은 "특별히 여성이기 때문에 못할 것"은 없었으나 정훈대대, 첩보대, 예술대, 전투부대에서 행정·선동·첩보 보조업무를 맡았다. 특히 총 들고 전투에 나가길 기대했던 여성들은 전투부대에서 심부름, 문서 연락, 필서 등의 행정 업무를 할당받는 현실에 실망을 느끼고 제대하는 일이 속출했다.[15]
공군 여군들의 기운도 이에 못지않았다. 공군 여군들은 한국전쟁이 발발하기 전부터 여자항공교육대에서 비행교육을 받았으나 전쟁기간 내내 기상과 통신 업무만을 했다. 또한 여자항공대원들은 항공대의 훈련을 이수하면 장교로 임관해 조종사가 되리라는 공군의 약속을 믿었지만, 기대와 달리 이등병사로 입대했다. 계급장은 여성과 남성을 가려냈고 젠더위계를 넘어서지 못했다. 그만큼 남성 중심성은 강했다. 다음은《공군여군사》에 실린, 당시 여성항공대원들의 증언이다.

　입대한 후 3개월이 지나자 처음 약속과는 달리 우리들을 장교
로 임관시켜주지 않아 불평이 나오기 시작했다. 그 약속은 6
개월 후 장교로 임관시켜 항공간부로 양성한다는 것이었는데
그것을 지키지 않았다. 그래서 내가 "누구는 상사이고 누구는
이등병이냐?"라고 항의했다.[16]

　전쟁 전까지 우리는 계속 훈련을 받았다. 당초 우리는 사관학
교에 들어가 교육받고 비행사가 될 것으로 기대했고, 교육훈
련 과정도 다시 남자 사병들이 "왜 저 여자들에게는 비행교육
까지 시키느냐"면서 질투할 정도로 우리 여자항공대 1기생 15
명에 대한 교육은 특별히 운영되었다. 기상, 통신, 항법, 정
비, 엔진분해/조립, 비행기 지상 조작까지 우리는 비행기 운
영을 위한 기본교육은 다 받은 상태였다. …… 그러나 우리들
에게 (사병)계급장 달아주는 걸 보면서 애초의 약속과는 다르
게 돌아가고 있음을 알았고, 이때부터 우리는 실망하기 시작
했다. 우리는 당초 우리를 사관후보생 시켜준다는 말을 듣고
입대했고, 약속처럼 사관학교에 입교하여 교육받길 원했지만
공군 당국은 당시 미국의 웨스트포인트에도 여생도가 없다는

2장 분리에서 통합으로, 여군의 역사_   075

이유로 우리의 요구를 물리쳤다. 꿈이 깨진 이들 중에는 건강

등을 이유로 전역하기도 했다. 더불어 6·25 전쟁은 우리의 기

대와 희망을 모두 접게 했다. 조종사들이 출격했다 전사하여

돌아오지 못하는 상황이 계속되는 그때 우리를 비행사로 키

우겠다던 공군 당국의 계획과 관심은 중단될 수밖에 없었던

것이다.[17]

비행사로서의 꿈이 공군에서 실현될 수 없음을 깨달은 여성들은 전역하기 시작했다.[18] 당시 비행교육을 받은 여군들의 증언은 '남성과 여성의 능력은 동등하다'는 근대 의식을 보여준다. '여성'이라는 전통적인 편견을 딛고 자신의 능력을 믿었던 신여성들이다. 당시 여자항공대 대장 이정희 대위가 "여자항공대의 훈련은 남녀동등권의 실천이며 여자항공병들은 남자가 하는 일도 다 할 수 있다는 것을 보여주는 사람"이라고 자평할 만큼[19] 공군 여군들은 성평등을 바탕으로 한 자기 의지가 확고했다.

당시 여군들은 우수 인력으로 기록된다. 공군 군역사기록관리단은 공군 최초 여군부대인 여자항공대에 입대한 여성들이 "공군사관학교 사관생도의 입학 자격에 버금가는 학력을 소지했다"고 기록한다. "각 학교의 리더급에 있

는 출중한 여학생들"이라는 점은 해병대 4기로 입대한 해
군 여군 탄생 기록에서도 나타난다. 여군들은 주로 학교
교사들, 중등학교 이상의 재학생들, 대학생들이었다. 육군
본부의 기록도 유사하다. "남자 군인들은 무학자가 많은
것에 비해 여자의용군은 중등학교 이상의 우수한 여성"이
라고 전한다.

이러한 기록들은, 근대 교육을 받은 신여성들에게 군대
란 공적 영역으로 가는 통로가 될 법한 곳이었음을 보여주
는 단서다. 하지만 군대에서 여성의 자리나 위상은 안정적
이지 않았다. 전쟁이라는 예외 상황은 여성을 동원했으나,
군대는 여성이 있을 장소가 아니라는 성별 분업의 전통성
을 고수했다. 젠더화된 전시 정책과 국민 만들기는 여성
군인이 군을 구성하는 외부이자 잔여였음을 보여준다.

애국의 상징: 총력안보 시대

공군과 해군은 여군 조직의 운영을 1954년에 중단한다. 육
군은 1953년 여군을 속기, 통신, 타자, 경리, 일반 행정 등
특과병으로 재정비한 뒤 1955년 여군훈련소를 재개했다.

육군 여군만 지속된 것이다. 그러나 여군 조직은 순탄하지
않았다. 효율성이 걸림돌이었다. 1960년대에 예비역 장군
출신인 김종오 의원이 국회에서 여군 해체론을 제안했다.
군 수뇌부에서는 여군 무용론이 거론되었다. 여군은 '신체
특성'상 그 활용이 제한되고, 쓰임새에 비해 유지비가 과
다하게 소요된다는 생각에서였다. 병역 자원은 남성 인력
으로 충분하다는 것이다. 무용론이 거론될 때마다 여군처
장은 정치인들과 군 책임자들을 방문해 항의하고 설득하
고 협조를 요청하면서 여군 해체의 위기를 넘겼다.[20]

　여성을 군인으로 어떻게 '활용'할 것인지의 논쟁은 지
속되고 있다. 활용의 범위와 정도는 시대에 따라 달랐다.
당시 여군이 필요한가에 관한 왈가왈부는 두 가지 변화를
가져왔다. 첫째는 여군 병사의 모집을 중단한 것이다. 그
리고 군은 1974년부터 여군을 하사관과 장교로 모집해 직
업군인이라는 인식을 높이려 했다. 둘째는 여군의 업무를
확장하거나 특성화한 점이다. 일부 여성 장교의 업무는
1979년부터 여군부대에서 일반부대로 확대되었다. 또한
1981년에는 항공 조종사, 전산 프로그래머, 헌병이 처음으
로 배출되었다. 피우진 예비역 중령이 항공 조종사가 된
것은 이 무렵이었다. 하사관은 항공 관제사, 사무 자동화

운용요원, 헌병 등으로 활동했다. 여군의 임무가 불투명하다는 인식을 잠식시키려는 조치였다.

여군 조직의 기틀을 잡기 위한 여군단은 1970년에 창설되었으며, 육군본부 직할의 독립부대로 편성되었다. 여군단은 직업군인으로 여군의 입지를 다지면서 행정요원으로 그 위상을 잡으려 했다. 그러나 '여성' 군인에 대한 회의와 의구심은 완전히 종식되지 않았고, 1980년 전후로 다시 논란이 일면서 병력 33퍼센트 감축이라는 결과로 이어졌다. 당시 여군 특기로 지목되었던 타자 업무는 남성 병사의 임무와 차별성이 없고 오히려 군 운영 유지비를 높인다는 의견이 강했다.[21]

한편으로는 1980년대 들어 군의 과학화와 전문화를 통한 전력화가 대두되면서 여군의 임무도 재조정될 필요성이 생겨났다. 특히 고학력 여성을 활용해야 한다는 사회적 목소리가 높았다. 1983년 경제기획원이 집계한 4년제 대학 졸업자들의 성별 취업률 추이를 보면, 남성이 78.5퍼센트인 반면 여성은 46.4퍼센트였다. 직종별로 보면 4년제 대학 졸업자 중 전문 기술 및 관련직에 종사하는 남성 비율은 78.2퍼센트인 데 반해 여성은 21.8퍼센트였고, 행정 및 관리직 종사자의 경우 남성은 99.2퍼센트였지만 여성은

0.8퍼센트였다.[22] 대졸 여성들의 사회적 진출 비율은 꽤 낮았다.

여성 군인은 1989년 여군병과가 해체되기까지 남군과 분리된 특수병과에 소속되어 남군의 활동을 지원하고 보조하는 행정 업무를 맡았다. 1970년대 여군단은 1950~1960년대와 달리 여군의 지위를 다질 수 있는 기반이 되었으나, 여군 조직의 유지와 관리에 치중했다. 여군의 약 20퍼센트만이 군의 모든 분야에 보직했고, 여군의 대부분인 80퍼센트는 여군단 안에서 활동했다.[23] 주특기는 타자였고, 행정지원 업무를 주로 담당했다.

총력안보 시대에, 여군은 무엇이었을까? 전투하는 군인도 아니고 가정의 현모양처라고만 말할 수 없는 여성 군인은 사회적 입지가 어땠을까? 여성이 군인이라는 점은 무엇을 뜻했을까? 국방부가 제작한 홍보 영상인 〈베레모의 여군〉(1971)은 "핫팬츠다 하며 유행을 뒤쫓기 바쁜 이때에 이 모든 유혹을 외면한 채 투박한 군복에 젊음을 감싼" 애국자로 여군을 설명한다. 그래서 여군은 "이 나라 젊은 아가씨들의 자랑스러운 본보기"이다. 〈우리여군〉(1975)도 유사하다. 여군은 "나라를 사랑하는 여성의 한 본보기"이며, "총력안보 체제 확립을 위해 국내 여성들이나 여대생들에

게 국내 조국의 현실에 대해 일깨워주고", "조국을 잊기 쉬
운 해외동포 여학생들에게 조국이 얼마나 귀중한 존재인
가를 알려주는" 용기의 귀감으로 재현된다.

　그러니까 여군은 시민사회와 군을 연결하는 가교였다고
말할 수 있다. 당시 근대화 기획은 강한 군사력 증대와 함
께 산업화를 일구려 했다. 이 과정에서 국민은 젠더화된
방식으로 동원되었다. 남성은 군인으로서 국방에 직접적
으로 동원되었다. 그리고 국가는 병역 이행을 경제와 연결
시켜 남성을 경제적으로 유리한 위치에 두었다. 군사 활동
과 경제활동은 서로 깊이 연계되어 남성에게 경제권과 가
장권을 우선적으로 주었다. 반면 여성에게 국방의 참여란
군인을 재생산하고 자녀에게 안보교육을 하는 것이었다.
여성은 어머니와 주부로서 가정 경영의 차원에서 국가안
보를 수행했다.

　당시 여성계의 연합체인 한국여성단체협의회의 회지
《여성》은 이 같은 지점에서 여성들이 무엇을 해야 하는지
지도한다. 여성은 가정에서 자녀를 교육하고 근검절약하
는 살림살이를 통해 국방의무를 다해야 한다는 것이다. 좀
더 풀어보면, 여성은 "모성으로서의 영향력"으로 남성 못
지않게 훌륭한 지도력을 발휘해 "안전보장체제를 강화시

킬"[24] 의무가 있다. "총력안보는 우선 나로부터, 우리 직장에서, 우리 가정에서 비롯되어야 할 것"인데, "남성들이 국방을 지키는 기수라면 여성들은 가장과 자녀를 지키는 기수"[25]라는 것이다. 그래서 여성은 "자녀들의 정신 계도를 위한 교육자"이자 "건전한 한국의 여인상을 구현"[26]하는 역할을 부여받는다.[27] 총력안보 시대에 가족주의와 모성은 반공주의 근대국가를 세우기 위해 사회로 확장되며, 동시에 국가안보의식은 가정으로 들어와 가정의 국가화를 수반한다.

이 구도에서 여성 군인은 가족과 국가를 연결하는 애국의 상징이다. 군인이라는 점에서 보면 여군은 남군을 보조하고 지원하는 여성이다. 반면 시민이라는 점에서 본다면 한국 여성들의 안보의식을 지도하는 문화적 표상으로서의 군인이다. 여군은 시민과 군을 연결하는 중간지대이면서도 군의 구성요소이자 내부의 외부인이다. 국민개병제를 시행하는 국가의 차원에서 보면, 여성 군인의 존재는 '모든' 국민이 국가안보에 참여하고 있음을 전시한다.[28]

하지만 1980년대에 들어서면 여군이 사회적 귀감이라거나 애국적 본보기라는 언설은 사라진다. 그 대신 전문화된 직업인으로서의 표상이 점차 부각된다. 이미 1983년 이후 여군 장교의 지원율은 평균 46 대 1의 경쟁률을 보였다.[29] 합격자들은 우수한 인력 자원이라고 평가되었다. 그러나 남녀분리 체제에서 남군을 보조하거나 여성화된 직종에 집중되는 제도는 새로이 재편되지 못했다. 당시 여군의 전문성을 논하기에는 여군의 수가 적고 업무는 협소했다. 여군의 전문직업화는 1989년 여군병과가 해체되고 여군들이 각 일반병과로 편입되는 1990년대에 본격화된다.

전문직업인: 지식정보화 시대

초남성 공간에서 여군의 존재는 모호했다. 남군과 동일한 군인도 아니지만 그렇다고 해서 일반 여성과 같은 여성이라고 말할 수도 없었다. 여성 군인은 어디에 있을까? 여군은 이원화된 구도에서 여성과 군인 그 어디에도 적중하지 않는, 미끄러지는 존재였다. 여군은 비록 기술직으로서 직업군인을 표방했으나, 군의 잔여로서 군 경계에 존재한 셈이다.

그러나 남녀분리 제도에서 남녀통합 제도로 전환하자 여군은 군 안으로 더 이동되었다. 여군은 여성 군인이 아닌

'군인'의 위치로 더 다가갈 수 있었다. 바로 이 지점이 우수인력담론을 통한 전문직업화다. 군의 전문직업화는 여군에게만 해당되는 것은 아니며, 군의 전반적인 추세였다.

군부정권이 끝나고 시민정부가 들어서면서 군 사회학자들은 군의 전문직업화를 재조명하기 시작했다. 군이 정치로부터 분리되고 군의 전문성과 책임성을 강조하는 전문직업주의가 시대의 소명으로 부상했다.[30] 군 업무를 전문적으로 취급하는 직업적 가치관은 세계적 추세이기도 했다.

고기술 정보전으로 달라진 전쟁 양상도 군의 전문성을 요청한다. 현대전을 수행할 지식과 정보기술을 갖춘 스마트한 군인이 필요한 것이다. 한국의 국방부는 "미래 지향적인 기술집약형 전력구조"를 설계하고 국방인력의 전문화와 정예화를 목적으로 인적자원 개발을 추진한다.[31] 이 과정에서 여군은 '우수한' 인력으로 발견되었다.

국토방위의 임무는 남성들만의 영역이 아닙니다. 여성들도 얼마든지 참여할 수 있는 부분이 있습니다. 특히 정보전, 전자전으로 일컬어지는 미래전에서는 IT 기술이 뛰어난 여성들을 군에 투입시킬 수 있을 것입니다.[32]

육체적·정신적으로 힘든 직업적 특성으로 인해 군대는 여자들에게 어울리지 않는다거나, 병사들의 여성화를 초래한다는 논리로 여성들의 군 진출을 반대하는 일부의 주장도 있습니다. 하지만 이는 현대전의 특성과 군 임무의 다양성을 이해하지 못한 무지와 편견의 소치일 뿐입니다.[33]

당시 《국방여군》(2004)에 여성부와 국방부의 담당자들이 게재한 글처럼, 현대전은 육체적 힘이 아니라 고기술의 정보력이 좌우하므로 여성들도 군사 활동에 쉽게 접근할 수 있다는 언설이 일반적이었다. 그뿐만이 아니었다. 군사 활동이 다양해지면서 여성들이 참여할 지대가 넓어졌다는 점도 든다. 군은 자국의 국토 방어만이 아니라 인간의 생존을 위한 초국가적인 지원에 눈을 돌리기 시작했다. 최소한의 인도주의를 바탕으로 한 군사 외교를 지향하며 재난구조, 지역분쟁 해결, 환경보호 등의 활동을 펼친다. 전투외 군사 활동Military Operations Other than War: MOOTW은 안보 개념이 변화하는 세계적 흐름과 조응한다. 첨단 무기의 파괴력은 이제 전 지구인의 생존 문제이므로 공동 안보 체제가 서로의 안보를 보장할 수 있다는 인식이 높아졌다. 또한 1994년 유엔이 선언한 '인간안보human security'[34]는 군사안

보만이 아니라 공공 사회서비스로 군의 임무를 확장시키는 자양분이 되었다.[35]

　군은 이제 죽임의 기술에서, 무력분쟁을 관리하고 중재하는 기술로 전이하는 것처럼 보인다. 장교들은 전투 지휘자에서 평화 중재자, 경영자, 기술자로 그 정체성을 재구성한다. 외교관, 학자, 경영자의 역할을 복합적으로 행하는 전문인으로 자리매김하려는 경향도 커진다. 새로운 시대의 군인들은 전사적 이미지보다 평화유지군과 같은 직업인 이미지를 선호하는 추세다. 이 포스트근대적 경향은 여성과 유색인종, 젊은 세대의 군인들에게서 더 많이 나타난다.[36] 한국의 여성 장교 후보생들이 장교가 된 후 해외 파병, 군사 외교, 교수연구 업무 등의 보직을 희망한다는 답에서도[37] 비슷한 조짐이 보인다. 또한 군대에서 소통과 포용을 강조하는 변혁적 리더십도[38] 변화의 시대를 경영하는 지휘자의 면모다. 이는 인권 친화적 정책을 유입하고 인도주의를 실현하려는 군의 세계적 흐름이[39] 한국군 내에서 접목되는 지점이다.

　여군인력활용확대 정책은 이러한 배경 아래 출현했다. 그 덕에 여군의 수는 점차적으로 증가한다.[40] 2007년에는 미혼 여성에게만 허용되었던 군이 기혼 여성에게도 개방되었다. 무엇보다 획기적인 것은 1997년 공군사관학교를 시작으로 1998년 육군사관학교, 1999년 해군사관학교에 여성의 입학을 허용하는 제도가 생겼다는 점이다. 이후 국방부는 여성 ROTC를 신설하고 육군3사관학교에 여성 입학을 허용해 여성이 군인이 될 수 있는 길을 더 넓혔다. 아울러 육군은 여군에게 제한되었던 포병·기갑·방공·군종 병과를 2014년부터 개방했고, 2018년부터는 최전방 GOP와 해안경계대대 지휘관 등 여성의 보직을 제한했던 규정을 폐지했다.

　여군인력활용확대 정책은 군의 인적자원 개발의 일환으로, 크게 보면 군 개혁의 맥락에 있다. 여성 군인은 변화하는 군을 보여주는 지표가 되었다.

스마트한 군인: 신자유주의 시대

군의 인적자원 개발은 비단 현대전만을 겨냥한 것은 아니다. 사회에서 유용하게 활용되는 능력을 습득하는 교육적 의미도 있다. 군의 교육적 기능은 그 시대에 적정하든 뒤떨어지든 지속되어왔다. 1970~1980년대는 직업 교육의 성격

이 강했고, 2000년대에는 변화하는 시대에 군이 뒤처진다
는 비판을 받으며 자기계발에 중점을 둔다.[41] 한국 국방부
는 병역문화 개선을 2006년 국방개혁의 기본 이념으로 상
정하고, 인권 향상이라는 차원에서 다루었다. 구체적으로
는 병영시설을 개선하고 자기계발을 위한 여건을 조성하는
과제를 제시했다. 군은 20대 장병들에게 취업과 단절된 곳
이 아니라 연계되는 자기계발의 장으로 재현되었다.

　이제 군인은 강할 뿐 아니라 스마트하다. 고기술 정보전
에서도, 무한 경쟁의 사회에서도 쓸모 있는 똑똑한 군인을
주조하는 시대이다. 군인을 만드는 테크놀로지의 변화다.
'남성이라면 군대에 가서 국가를 지킨다'는 아버지 세대의
신념이 청년들에게 점차 설득력을 잃어가면서 군 복무의
억울함을 봉합하기 위한 군의 통치 방식이다. 국방부는 동
아리 활동, 외국어 학습, 학점 교환과 같은 자기계발 사업
을 기획한다. 여기에는 관련 정부 부처, 교육연구기관, 기
업 등이 협력한다.

　《악랄가츠의 군대이야기》나 《나는 세상의 모든 것을 군
대에서 배웠다》로 시작해 연이어 출간된 군대 자기계발서
도 스마트한 군인의 길잡이 노릇을 한다. 시간을 허투루
쓰지 않고 군 복무 기간을 자기 경쟁력 강화의 기회로 삼

는 군 생활 매뉴얼이다. 신자유주의 문화에서 성장한 남성
들은 지속적으로 자신을 관리하고 경영하는 삶을 기획한
다. 입대 시기나 장소, 군의 유형 등을 자기 생애 기획에
맞추어 선택하기도 한다.

여군들은 어떠한가? 여군의 능력계발은 자기를 관리하
고 전문성을 확보하는 것으로 조율된다. 국방부의 언어를
빌리면, 남성이냐 여성이냐는 중요하지 않다. 여군의 능력
계발은 성별에 연연하지 않고 자기능력을 계발하면 보상
이 따른다는 믿음에 근거한다.

여군의 능력계발은 곧 성평등을 뜻했다. 국방부는 여군
의 활용과 확대가 양성평등 의식을 촉진하고 군 조직문화
를 변화시킬 것이라고 내다봤다.[42] 선진 정예강국을 위한
길임은 물론이다. 여군인력활용확대 정책은 여성의 권익
보장과 능력계발, 사회 참여 확대라는 정부의 여성 정책과
궤를 같이한다. 여군의 증가는 국가가 여성 의제들을 국가
정책으로 만들고 실행한 결과인 것이다.

거슬러 짚어보면, 1987년 이후 진행된 민주화는 성평등
과 젠더 이슈를 공론장으로 끌어내는 계기가 되었다. 이후
국가는 여성운동과 여성학계의 협력으로 성평등과 관련된
의제들을 법제화했다. 공공 분야에서 여성의 참여를 높이

고, 이에 걸림돌이 되는 사회 조건들을 하나둘씩 해소하는
조치도 취했다. 그래서 여성들에게 기회의 평등을 확장시
켰다.

　군사 영역에서 그 기회의 문을 연 것은 여군인력활용확
대 정책이다. 하지만 여성인력을 활용하는 차원이 컸다.
성평등을 위한 제도 개혁은 전반적으로 저출산 고령화 사
회에 여성인력을 활용하는 정책으로 나타났고, 국가 경쟁
력을 강화하는 논리로 수렴되었다. 이 가운데 신자유주의
와 공명하면서 능력 있는 여성이 지향되었고, 능력과 성공
이 주요한 가치가 되었다.

　능력 있는 여성. 이는 비단 군사 영역뿐 아니라 사회 전
반에 나타나는 기조다. '알파걸', '골드미스'처럼 능력 있
는 여성을 지칭하는 신조어가 나왔고, 독립적이고 당당한
커리어 우먼이 당대의 여성상으로 재현된다. 심지어 여전
사의 '걸파워'가 영화나 광고, 게임에서 주요 캐릭터의 특
징으로 등장한다.

　사회적으로 여군들은 금녀 지역의 개척자, 여풍시대의
강한 여성, 21세기 여성시대를 대표하는 우먼파워로 표상
된다.

　"전투병과도 포진, 거센 여풍 여풍당당"

"'남자 압도' … 여성 최초 구조 파일럿 탄생"

"21세기, 여성의 리더십이 이끈다. 군·경에도 우먼파
워"[43]

이러한 언론 기사의 제목들은 한국 사회가 여군을 어떻
게 해독하는지 보여준다. 여군은 예로부터 남성의 영역이
라고 여겨진 초남성 공간에서 성별을 넘어 능력으로 승부
하는 여성들이다. 위장크림을 바른 얼굴로 남성과 똑같은
훈련을 받고, 총을 쏘며 가상의 적을 제압한다. 전쟁 담론
에서 여성은 전통적으로 아이를 출산하고 양육하는 노동
을 통해 국가에 통합되었다. 여성은 군인을 재생산하는 몸
이자 가정에서 안보교육을 담당하는 어머니로서 국방을
지원한다는 언설 안에 있었다. 그러나 신자유주의는 여성
을 집 밖으로 불러내어 자기능력으로 자신을 만들 수 있다
며 좀 다른 위치에 놓는다. 여군은 남성을 매개로 자신의
존재가 규정되는 전통적 방식을 거슬러, 남성을 경유하지
않은 채 직접 국가안보에 개입한다.

그러나 이를 흔히 남성과 여성의 성 역할이 전도되었다
거나 여성이 남성을 압도하는 예로 해석하는 것은 오류이
다. 그보다는 전통적인 젠더 규범에 문제를 일으키는 지점
이라고 보는 것이 더 합당하다. 신자유주의의 능력주의와

국가페미니즘이 만나 스마트한 군인, 우수 인력으로서의 여군이 탄생한다.

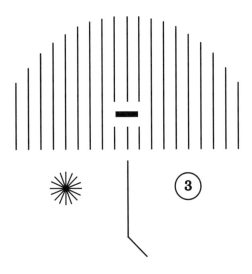

여성 군인의 탄생

시대의 전환, 아버지와 딸의 대화

군은 초남성 공간이다. 물론 여성들이 완전히 부재한 곳은 아니다. 제1차 세계대전에 여성들이 간호병으로 참전하면서 여성의 유용성이 발견되었다. 여성들의 활약은 여러 전쟁에서 있었지만 정규군으로 활동한 시기는 제2차 세계대전이었다. 1942년 설립된 미국 여성육군보조단Women's Army Auxiliary Corps은 육군의 비전투업무를 위해 창단되었다. 정식 군부대로 활동하기 시작한 것은 1943년 여성육군부대 Women's Army Coprs가 창설되면서였다. 영국 여군은 1차와 2차 세계대전에 참여했는데, 1949년 여성왕립여군단으로 정비된 후에야 정식 군인이 될 수 있었다.[1]

한국에서는 여성들이 한국전쟁에 참전하면서 여군제도

가 본격적으로 시작되었다. 육군과 해군은 여자의용군으로, 공군은 여자항공대원으로 참여했다. 휴전 이후, 육군 여군만 잔존하고 공군과 해군의 여군은 중단되었다.[2] 육군 여군들은 간호병과와 여군병과라는 특수병과에 소속되었다. 그러던 중 1989년에 여군병과가 해체되고 여군은 일반 병과의 각 병과로 전환되었다. 특수병과에서 일하던 여성들이 1990년 이후부터 남성들처럼 일반병과에서 일하기 시작한 것이다. 물론 간호병과는 지금도 지속되고 있다.

여군 역사의 전환을 이룬 또 다른 획기적인 사건은 사관학교에 여성 생도의 입학을 허용한 결정이었다. 1997년 공군사관학교가 처음으로 여성 생도를 받아들인 후, 그다음 해부터 육군(1998)과 해군(1999)은 차례로 여성의 입교를 허용했다. 공군과 해군은 사관학교 훈련을 거친 장교만을 임관시키는 것이 아니라 2001년부터 자체적으로 여군을 선발했다. 휴전 이후 약 오십년 만에 처음이었다. 해군과 공군은 그동안 육군이나 간호병과의 여군을 활용했다.[3] 그리고 육군은 1955년 여군훈련소로 첫발을 내디딘 여군학교를 2002년에 폐쇄했다. 이로써 군은 남녀가 분리되어 군사 교육을 받고 일하는 남녀분리 제도에서 남녀통합 제도로 그 모양새를 바꾼다.

남녀통합 제도는 국가를 구성하는 정치적 참여 공간을 여성에게 확장한다는 면에서 뜻깊다. 이전에 여성들이 군인을 재생산하는 모성으로서 주로 군 밖에서 군을 지원했다면, 점차 군 안으로 진입해 군사 활동을 할 수 있게 된 것이다. 더욱이 여성은 남군을 보조하는 '여성' 군인에서 '국가를 지키는 군인', 나아가 군 지도자가 될 수 있는 위치로 이동한다. 여성들도 남성들과 '동일'하게 군사훈련을 받고 군 업무를 수행할 제도적 조건을 갖추게 된 것이다. 타자를 치거나 꽃꽂이를 하는 여군에서 전투복을 입고 남성 군인들을 호령하는 여군으로 그 재현 이미지도 달라졌다.

국방부는 이러한 시대적 전환을 〈아버지와 딸〉(1990)이라는[4] 홍보 영상물에서 재현했다. 강인한 담력과 전투 기술을 지닌 여군 부사관인 딸은, 휴가를 맞이해 아버지의 집으로 가는 골목길에서 중년 여성의 손가방을 뺏고 달아나는 남자를 우연히 목격한다. 그는 남자를 쫓아가 간단히 제압하고 경찰에 넘긴다. "계집애가 겁도 없이"라며 여성을 얕보았던 남자 날치기의 놀라는 표정과 "요즘 여자들 우습게 봤다가 국물도 없어"라며 날치기를 훈수하는 경찰의 칭송을 뒤로하고 이름 없이 유유히 사라진다. 전투력과 정의로움을 갖춘 이 여군은 한국전쟁 때 아버지가 부상을 입었던 격전지를 아버지와 함께 방문한다. 거기서 아버지는 전투 당시를 회상하며 "빼앗긴 조국을 찾기 위해 희생한" 군인들의 전투 이야기를 딸에게 들려준다. "40년이 지난 지금은 전설처럼 잊혀졌어. 이 시간 날 두렵게 만든다"라고 말하는 아버지에게 딸은 이렇게 말한다.

딸: 아버지가 흘리신 피는 결코 헛되지 않았어요. 이젠 아버지 대신 제가 조국을 지킬게요.
아버지: (흐뭇하게 웃으며) 내 딸이, 내 딸이 정말 자랑스럽다.

아버지와 딸의 대화는 아버지와 아들로 계승되는 국방이 이제 딸로도 계승된다는 공식적 선언과 다름없다. 국가안보는 부계로 이어지는 남성들의 일이지만, 아버지로 표상되는 국가는 이제 여성도 국가안보를 수행하는 군인이라고 그 위상을 공언한다.

하지만 그것이 홍보 영상물만큼이나 순조로웠을까? 여성은 아버지의 유산을 온전히 전승하는 군인이 되었을까? 군의 전통은 깨지지 않을까? 역사적으로 전승된 남성성의 고유성은 무엇으로 보증할까? 이러한 회의적인 생각들은 군 안팎으로 맴돌았다. 특히 결핍과 약함으로 여겼던 '여성적인 것'을 군은 어떻게 조율했을까?

'여성적인 것'의 논란

여군활용 정책이 실행되는 과정은 순탄하지만은 않았다. 여군병과가 해체되고 육군 여군들이 일반병과로 통합될 때 각 병과별로 골고루 배정되지 못했다. 여성들이 많이 배치될 수 있는 병과는 병력 수가 가장 많은 보병병과였다. 행정근무 등을 통해 여군을 두루 활용할 수 있는 병과이기도 했다. 그런데 보병병과의 장교들은 소대장직이 의무인 까닭에, 전방 지역의 소대장직을 둘러싸고 여군이 논란거리가 되었다. 국군방송의 다큐멘터리 〈백년전우〉(2007)에서 김화숙 예비역 대령은 당시를 이렇게 회상한다.

> 제가 특전사령부 대북선전대대 여군 소대장하면서 155마일 휴전선을 다녀봤잖아요. 다녀보니까 약간 환경은 열악한데 (여군도) 근무할 수 있겠더라구요. 마침 우리가 90년도에 여군병과를 해체하면서 보병 외 한 23개 병과로 다 갔잖아요. 남자 장교들이 "무슨 여군 너희가 보병이냐?" (그래서 제가) "왜

보병이 아니냐?"고 하니까 "전방 근무도 안 하는데", "그래? 알았어. 전방 배치하면 될 거 아니냐." 동기가 그것이죠. 제가 어릴 때 (전방) 근무를 해봤기 때문에 이쪽 상황을 다 알잖아요. 배치를 하려고 맘먹고 전 전선을 다 돌며 설문조사를 했어요. 그런데 전선에 근무하는 사단장들이 "안 된다"는 거예요. "무슨 소리냐"고. 그때가 93년도입니다. "전방에 여군들 와서 근무 못 한다"는 거지. "조건이 너무 열악하다"고. "괜찮다, 한다" 말해도 "여군 단장 말이야! 조용히 있다 제대하라"고 "왜 남이 안 하는 짓을 하나." (그래서 제가) "군인이 말이지 안 되면 되게 하는 거지 무슨 소리냐." 그래서 내가 전 전선을 다 돌았어요. 한 70퍼센트는 반대했어요. 30퍼센트 장군님들만 "김 대령 한번 해보라"고 "도와줄꺼만." 근데 그게 1년 만에 정착이 돼버렸잖아요.[5]

보병병과 소속인 육군 여군들은 소대장직을 맡았으나 주로 신병교육대의 소대장으로 배치되었다. 사관학교에 여자 생도 입학을 허용했을 때도 여성을 전투 지휘관으로 양성한다는 점은 논쟁을 일으켰다. 공군사관학교는 먼저 외국의 사관학교가 여자 생도 제도와 교육체계를 어떻게 운영하는지 조사하기로 하고, 1994년 미국과 일본의 사관학교를 탐방한 후 김영삼 전 대통령에게 조사연구 결과를 보고했다. 1995년 3월 3일, 청와대에서는 제1국방차관보 주재로 회의가 열렸다. 공군은 조종사 양성을 포함해 여자 생도 입학 운영을 건의했지만, 국방부는 시기상조라는 입장을 고수했다. 육군과 해군은 여성을 장기복무자로 양성하거나 전투 인력으로 삼는 것이 부적합하다며 회의적인 반응을 보였다. 그러나 청와대의 추진력과 압력은 컸다. 시범적으로 공군사관학교를 개방하기로 했다.[6]

회의와 거부감은 비단 정책 담당자들이나 정책 결정권자들의 반응만은 아니었다. 군대 내에 있는 군인들 사이에도 여군에 대한 불신과 혐오는 짙었다. 여군 지수의 말이다.

엄청 반대가 많았대요. 선배들이 대개 싫어했구요. 여군이 온다는 것 자체가. 오면 체력적인 면에서 떨어질 것이다 여자가 들어와서. 심지어는 그런 얘기도 있었어요. 옛날 오랜 선배들은 여생도들은 후배가 아니다. 옛날에 군 생활하신 분들이죠. 여자가 무슨 군인이냐 그런 생각을 가진 분들이 있으시겠죠.

해군의 문화는 더 노골적이었다. 해군이 여군을 선발하

기 시작한 지 얼마 되지 않은 2000년대 초, 군사훈련이 진행된 3개월 내내 기상이 좋지 못해 항해가 불안했을 때는 승선한 여군 탓으로 돌리는 문화가 여전히 있었다. 여군들이 승선하고 내려가면 남군들은 배의 기계에 이상이 생길까 봐 소금을 뿌렸다.

육군도 여성의 접근을 금기시하는 유사한 터부가 있었다. 육군 조종수들과 정비병들은 장갑차와 전차에 여성을 태우면 정밀한 기계로 구성된 차들이 고장 나거나 대형 사고로 이어진다고 믿었다. 공교롭게도 이런 믿음이 지배하는 곳은 여군들에게 당시 개방되지 않았던 기갑병과와 포병병과였다. 이 병과에 여군을 배치하지 않는 공식적인 이유는 모성 보호와 남녀 근접 거리 방지였다.[7] 제도는 변화했으나 군 문화는 전통에 매여 있었고, 일부 남군들은 벽창호였다. 초남성 공간의 텃세는 셌다. 여성들을 시험하는 통과의례는 보이지 않았지만 공기처럼 존재했다. 해병대에 지원한 시영의 이야기이다.

무장매고 유격훈련이 끝나고 행군으로 부대 복귀했는데. 그때 다들 너무 힘들어했거든요. 끝까지 행군으로 부대 복귀했을 때 대원들이 막 와서 인사하고. 수고했다고 직접 조교들이

와서 인사하고. 거기서 저를 너무 싫어해서 경례도 안 받는
선배가 있었는데 그 선배가 저를 부르더니 "이제 너를 인정했
다" 이렇게. 그 선배가 저한테 되게 모질게 했죠. 모질게 했는
데 결론은 모든 걸 참고 이겨내니까 "해병대 여군에 대한 것
을 인정했다. 나는 군에 여군이 들어온다는 것을 인정하지 않
았다. 너를 싫어했던 게 아니라 군에 여군이 들어오는 것이
싫어서 너에게 그렇게 했지 너라는 사람을 싫어해서는 아니
었으니까 서운해하지 말아라. 하지만 이제는 인정하겠다." 이
말을 했을 때, 뭐라고 하지? 희열감? 성취감? 그리고 화나가
지고 막 여기까지 얘기를 목까지 끌어 올라가지고 뭔가 토
해내고 싶었던 것을 (잠시 뜸을 들인 후) 그거를 참았던 제 자신
이 (잠시 뜸을 들인 후) 그랬어요.

　여군들은 한결같이 '내가 잘하면 되겠지'라며 이 악물고
혼자서 견뎠다. 정책을 결정하는 단위에서부터 군인들의
군 문화까지 순탄한 것은 없었다. 여성의 군 진입에 관한
정책들이 설왕설래하며 답보 상태에 있었지만 결국 추진될
수 있었던 것은 외부적 요소가 컸다. 세계적으로 여군은 증
가 추세에 있었고, 여성의 지위 향상이라는 시대정신은 여
성들의 군 진입을 촉진시켰다. 국가 지위를 글로벌 기준에

맞추려는 당시 대통령의 정치적 실행은 큰 힘을 발휘했다. 거기에 '여성'의 군 진입은 전 국민의 안보 공감대를 확산시킨다는 생각이 더해졌다.[8] 국군방송이 제작한 〈국군연대기〉(2010)에서 이정린 예비역 육군 소장은 이렇게 말한다.

> **세계적인 추세는 사관학교에 여자 생도를 받아들이는 것이 보편화되었고, 또 우리도 여성의 지위 신장을 위해서 당연히 시대적인 요구가 있었다고 보는 것입니다. 그래서 저는 그때의 공군, 육군, 해군 여자 생도가 입학하게 된 것은 시대에 적절하고 저는 잘했다고 보고, 또 국방에도 기여를 했지마는 (그들의) 자녀들에 대해서도 국방의 중요성, 안보의 중요성을 자연히 교육시킴으로써 우리나라가 안보 공감대가 정말 국민 전체에 형성이 돼가지고 튼튼한 안보태세를 갖추는 데도 큰 기여를 할 것으로서 기대를 하고 있습니다.[9]**

변화하는 세계정세를 배경 삼아 군은 여성에게 군문을 열고, 그 합리적 이유를 성차에서 찾는다. 남성과 다르다고 간주되는 여성의 특성이 군의 미래를 이끄는 장점으로 해석되는 것이다. 같은 영상에서 예비역 공군 소장 김윤주의 말이다.

여자이기 때문에 남자들이 못하는 영역이 있다. 즉, 대단히 예민하다. 다른 사람들은 다 자더라도 여자들은 아무리 피곤해도 부스럭 소리에도 깨는 정도, 이러한 특성을 여자들은 가지고 있다. 그리고 섬세한 부분에서 남자들이 읽지 못하는 부분을 여자들은 읽는다. 그 작은 변화의 차이를 가지고 큰 변화를 가져오는 것이 여자이다. 그래서 첫 여자 사관생도들로서 긍지를 가지고 새로운 군을 만들어낸다는 마음으로 시작하라 하는 이야기가 그때 있었습니다.[10]

여군은 무엇인가? 여군에 관한 지식이 구성되는 과정에서 '여성적인 것'은 부정되지 않고 주요한 요소로 포착된다. 이른바 여성만이 '지닌' 고유한 특성은 여성 군인들의 특별한 장점으로 해석된다. 그래서 성차는 군의 변화를 일으키는 촉발제로 읽힌다.

국방부가 1999년 발표한 여군인력활용확대 계획은 이를 또렷이 담았다. 군은 "여성 특유의 섬세함과 부드러움을 통해 새로운 병영문화를 창조하고, 부정과 비리에 유착되지 않는 강직한 특성을 고려해 여군을 여성의 특성에 부합되는 직위에 우선적으로 확대할 것"이라고 했다.[11] 군은 여성만이 '지닌' 고유성을 아무런 의심 없이 전제하고, 여군을 확대할 필요성을 이 특성에 조율한다.

그래서 '여성적인 것'은 여군의 능력이 된다. 그동안 남성성과 대비해 결핍과 취약함으로 여겨진 '여성적인 것'이 군의 효율성을 강화할 수 있는 능력으로 변용된다. 남성과 다르지만 그 다름이 군에 기여할 수 있다는 언설은 여군의 위상을 재구성한다. 이것이 초남성 공간에서 남성 중심성에 위협을 주지 않으면서도 여성이 군인으로 용인될 수 있었던 참조점이었다. 바로 이 지점이 우수인력담론이다.

우수인력담론과 성평등론의 조우

우수인력담론은 여군을 확대하고 활용하는 이유이자 전거이다. 여군활용 정책은 과학적이고 전문적인 군의 전력화에 조응하는 우수한 여성인력이 필요하고, 이에 따라 여군의 임무가 재조정되어야 한다는 취지를 담고 있다. 여성 고학력자는 증가하지만 그 수에 비해 사회적으로 활용되지 못하고 있다는 평가에서다. 여군이 우수 인력이라는 점은 한국전쟁 시기부터 언급되었다.[12] 여기서 '우수 인력'이란 고학력일 뿐 아니라 높은 지원율을 뚫고 선발된 인력

그 자체를 말한다.

그러나 '우수 인력'이란 어떤 특정 집단이 아니라 여군에 관한 지식을 담보한다. 성적과 학벌, 자격증과 같은 일정 수준의 능력을 지닌 인적자원을 말하는 듯하나, 그 자체가 내용과 의미를 구성하는 것은 아니다. 그래서 '우수 인력은 누구이고 그 기준은 무엇인가'의 답을 찾는 것은 의미가 없다. '우수 인력'은 사회적으로 여군은 무엇인가를 지시하고 표상한다.

여군은 무엇인가에 관한 지식은 국방부와 군의 정책을 탐색하면 알 수 있다. 제도 변화에 따라 여군을 어떻게 배치하고 언설하는지가 여군에 관한 지식을 생산한다. 담론은 우리가 현실을 인식하는 방법을 구조화하는 시스템이다.[13] 특정 시대에 따라 구성되는 담론적 지형은 그 시대의 인식·경험·구조를 지속시키는 조건이며, 법이나 정책을 통해 실천적 틀을 형성한다. 그런 의미에서 국방부가 말하는 우수인력담론은 여군에 관한 지식이다. 그리고 여군의 삶을 특정한 방식으로 조직한다. 그러니까 우수인력담론은 여군의 행위를 이끌고 지도하는 일종의 통치성과 같다.

그렇다면 우수인력담론은 무엇을 뜻할까? 넓게 보면 두 요소가 결합해 그 의미를 구성한다. 하나는 신자유주의 맥락에서 형성된 국방인력 정책이며, 다른 하나는 성 주류화를 토대로 여성 인력을 활용하는 여성 정책이 그것이다.

먼저 국방부는 여군이 무엇인가를 말하기 위해 남군과 대비시킨다.《육군 여성 50년 발전사》에서 국방부는, "장교 후보생은 입대 자원의 남자 장교들과 대등하거나 월등한 지적 능력의 소유자여야만 신체적으로 부족한 면을 보충할 수 있"으므로 "더 좋은 자원, 더 우수한 고학력 여성의 군 유입을 목표로"[14] 한다.《국방여군》에 게재된 〈여군과 리더십〉이라는 글에서도 여군들은 "다소 부족하다고 판단되는 체력의 분야를 지적인 다른 것들로 채워야 하며", "이를 위해 여군의 경쟁력을 유지 및 향상시키기 위해 뛰어난 자원을 확보하는 것이 중요"[15]함을 역설한다. 사유의 틀은 이원화된 구도이다. 게다가 남성이 기준이다. 몸과 정신, 육체적 근력과 지적 능력, 이성과 감성 같은 이분화된 구도에서 남성의 몸이 기준일 때 여성의 몸은 취약하다. 이 선험적 전제가 군인은 무엇인가를 구성하는 출발이다.

그럼에도 여성 개인은 능력이 있으면 육체적 결핍을 보완해 남성과 동등한 군인이 될 수 있다. 우수인력담론은 여기서 신자유주의적 능력주의를 따라 움직인다. 능력주의란 능력 중심의 사회에서 능력이 인간의 가치를 판단하는 기

108

준이 되고, 능력이 있으면 무엇이든 할 수 있다는 신념과 사유, 태도와 같은 인식체계를 말한다.[16] 성별은 문제가 되지 않는다. 개인의 선택과 능력이 중요하다. 능력, 도전, 전문성이라는 언표들은 여성의 우수성을 표출한다. 국방부 국방홍보원에서 제작한 영상 〈꿈 도전 그리고 여군〉(1998)은 항공, 통신, 공병, 화학지원대, 의무대, 신병교육대 등 각 분야에서 자신의 특기를 살려 일하는 여군들에 대해 도전하는 전문적 능력자로 그린다.

> 군대에서는 능력을 가지면 여성도 동등한 임무를 수행할 기회를 가질 수 있는 것이다. 김미선은 항공정비에서 있어서 실제로 어떤 남군보다 뛰어난 실력을 갖고 있다. …… 어쩌면 남녀평등이란 여성들 스스로 한계를 극복하는 데서 비롯되는 게 아닐까. 바로 이곳에서 여군은 여성 군인이 아니라 진정한 군인일 따름인데. 도전하는 투자와 능력을 최우선으로 하는 군대의 원칙 속에 우리 여군들은 사회 어느 곳에서보다 전문인으로서 자신의 능력을 맘껏 발휘하고 있는 것이다.[17]

이 우수인력담론은 성평등 담론과 만난다. 국방부는 2000년대에 군의 새로운 문화를 형성하는 기조로서 양성평등을 전면에 내세운다. 2007년 국방여성정책포럼에서 국방부는 여군인력 확대가 '군 조직문화'를 변화시키고 '선진 정예강군 육성'에 기여할 것이라는 비전을 제시한다. 이 시기에 국방부 국방홍보원은 홍보 영상물을 통해서 양성평등의 군 문화를 알리며 능력주의가 실현되는 군 조직을 선전한다. 홍보 영상 〈군대가 바뀌고 있다〉(2002)와 〈군이 사회를 바꾼다〉(2002) 속 내레이션이다.

군대는 남자들만의 세상이고 남자들만이 가야 하는 길이라는 생각, 신세대 군대에서는 더 이상 통하지 않는다. 차이는 인정하지만 차별에는 도전하는 멋진 여성들이 있는 곳, 그것이 대한민국 군대다.[18]

사회는 여자라는 이유로 불이익을 당하는 곳이 많다. 그러나 군대는 직책과 계급이 우선시되는 곳이다. 그만큼 능력 있는 자에게 많은 기회가 부여된다. 실력을 중시하는 사회, 여군은 그런 사회를 만드는 데 밑거름이 되고 있다.[19]

국방부의 양성평등론은 변화하는 사회의 흐름과 정부의 여성 정책에 발맞춘 기획이다. 국방부는 여성들의 군 진입을 성평등으로 해석하고, 군대를 양성평등이 실현되는 공간으로 정의한다. 그래서 군은 한국 사회에서 성평등을 주도한다고 스스로 홍보한다.

여군들은 이제 성평등의 아이콘이 되었다. 언론에서 재현되는 여군의 모습은 이러한 측면이 더욱 두드러진다.[20] 여군은 고학력 여성들의 인기 직종으로서 남녀 차별 없는 새로운 직업이며, 고급인력으로 충원되는 유망직종이다. 2000년대에 오면 그 내용은 구체적으로 확장된다. 최초의 전투함 승선, 최초의 전투기 조종사 탄생, 최초의 ROTC 여성 등 새로운 역사를 쓰는 '최초' 여군들의 행적들로 성평등이 채워진다. 그들은 성평등을 성취하는 '우먼파워'다.

하지만 능력주의는 평등을 효율성으로 쉽게 환원한다. 군의 특수한 상황과 조직을 이유로 효율성을 적용하면, 전통적인 관행은 당연하고 자연스러운 것으로 여겨진다. 이를테면 여군들의 전방 부대 배치를 제도적으로 금지하는 정책은 성차를 존중하는 평등한 정책이라고 간단히 치부하기 쉽다. 또한 아무리 미래의 고기술 정보전을 준비한다고 해도, 군이 지상 전투력을 우선으로 삼는다면 우수인력 담론은 여군에겐 도달할 수 없는 영역이다. 남성의 몸을 기준으로 여성의 몸을 상정하는 가부장적 사유 양식 안에서는 여군의 능력이 항상 결핍될 수밖에 없다. 덧붙여, 개인이 열심히 노력해 능력을 만든다는 것은 경쟁 사회에서 파악이 불가능한 영역이다.

　이를 더 살피기 위해서 육군이 재현한 '여성적인 것'은 무엇을 지시하는지 톺아본다. 우수인력담론을 구성하는 능력이라는 것이 젠더화되어 있음을 더 자세히 알 수 있을 것이다.

'여성성'으로 조율하기

육군 홍보물은 '여성적인 것'을 미美로 표상한다. 국방부가 제작한 동영상에서 '여성성'을 나타내는 상징적 코드는 립스틱과 화장품, 방을 장식하는 소품들이다.[21] 특히 1970년대부터 1990년대까지 일관되게 등장하는 장면은 '립스틱'을 바르는 여군이다. 립스틱은 여성 군인을 여성으로 만드는/돌아오게 하는 여성성의 상징이다.

　여군이 남군과 분리되어 군사훈련을 받았던 육군 여군학교 시절, 육군 여군학교는 지智·용勇·미美를 교육 목표로 삼았다. 여기서 '미'는 예절교육과 꽃꽂이, 다도교육을 통해 계승되었다. 여군들은 이 교육을 받으며 옷차림이나 몸가짐, 태도를 통해 '미'를 수행했다. 피우진은《여군은 초콜릿을 좋아하지 않는다》라는 자서전에서 여성만의 부드럽고 우아한 행동을 요구하는 군대의 규율을 서술한다. 후보생 면접 때는 단정함 이상의 미모를 조건으로 따졌고, 여군 후보생의 교육 과정에서는 내내 스커트형 정복을 입게 했으며, 내무반 밖에서는 화장한 얼굴로 다니도록 요구했다. 당시 육군은 여군들에게 똑같은 립스틱을 보급해 여군들이 같은 색의 입술로 다녔다고, 피우진은 회상한다.

시간을 더 거슬러 가면 미스여군선발대회가 개최된 역사적 기록도 만날 수 있다.[22] 미스여군선발대회는 여군을 홍보하기 위한 것이었다고 한다. 미스코리아선발대회가 '진선미'를 뽑는다면, 육군은 '지용미'라는 이름 아래 여군들을 선발했고, 미스코리아 당선자들과 유사한 옷차림으로 여군들을 무대에 세웠다. 군복과 야회복, 수영복 심사도 거쳤다. 1968년 전까지는 '진선미'로 선발된 여군들이 재심사를 거쳐 미스코리아선발대회에 출전하기도 했다. 1968년부터는 '미스여군'이 아닌 '모범여군 지용미'를 선발하는 여군 창설 기념행사로 열렸다. 미스여군선발대회는 1962년에 시작해 1972년에 폐지되었다.

미와 여성성 그리고 군인. 어울리지 않을 듯 서로 연결된 언설은 여군학교 시절에 왜 지속되었을까? 왜 그랬을까? 육군 여군학교 시기의 홍보 영상이 그 답을 내비친다. 육군의 홍보 영상은 전형적인 프레임을 반복하는데, 이는 두 요소로 구성된다. 하나는 '여성의 몸을 극복'하고 군인이 되기 위해 노력하는 여성의 재현이다. '여성의 몸을 극복'한다는 것은, 여성의 몸은 군인이 되기에 결핍된 몸이라는 것을 선험적으로 전제하는 셈이다. 군인의 몸은 남성의 몸이고, 남성의 몸이 군인의 기준이 된다.

또 하나는 군사훈련을 마치고 숙소로 돌아온 여군들이 다시 여성으로 돌아온다는 해석이다. '여성으로 돌아온다'는 것은, 훈련이 끝난 후 여군들은 이른바 '여성이 하는 일'을 흔히 한다는 뜻이다. 이를테면 요리를 하거나 몸무게를 걱정하는 등의 방식으로 '일반 여성'과 다를 바 없음을 보여준다. 그러니까 여성은 군인이 되어도 여성성을 잃어버리지 않으며, 남성화되는 것은 아니라는 속뜻이 배어 있다.

여성성을 이토록 강조하는 것은 여성과 남성에게 각각 고유성이 존재한다는 메시지를 통해 젠더 질서를 유지하려는 데 있다. 여성이 군대에 들어와도 젠더 관계는 변화하지 않는다는 메시지다.

육군 여군학교가 2002년에 폐지되면서 '미'의 표상은 공식적·제도적 차원에서 사라진다. 아름다움으로 표상한 '여성적인 것'은 표면에서 사라지고, 강하고 무표정한 군인 이미지가 등장한다. 남녀통합 시기인 2000년대에 재현된 여군은 남군들의 틈 속에서 식별되지 않는다. 외관도 비슷하고 전투적인 몸의 움직임도 별스럽지 않다. 공수훈련이나 특전사들의 전투훈련을 담은 영상물에서도 여군들은 절도 있는 카리스마의 이미지를 재현한다. 텔레비전 방송에 재현된 여군들도 마찬가지이다. 여군들은 30킬로그램 완전군장을 한 채 야간 행군에 임한다. 로프를 타고 창문에 침입해 가상의 적인 테러리스트들을 단숨에 제압한다.[23] 이제 그들은 립스틱을 바르는 군인이 아니라 위장크림을 바르는 군인으로서 국가를 지키는 '군인'의 위상을 표현한다. 최소한 영상물에서는 그렇다.

그렇지만 '여성적인 것'이 온전히 삭제된 것은 아니었다. '여성적인 것'은 여성 고유의 능력으로 재편된다. 육군은 1989년 여군병과를 폐지하고 여군들을 각 일반병과에 배치하는 여군 정책을 도모하면서 '여군을 어떻게 활용할 것인가'를 기획한다. 여기서 '여성적인 것'은 어떤 병과에 배치할지를 가늠하는 기준이 되었다. 육군본부 인사참모

부의 자료에 따르면 '여성 본성', '위험 부담성', '여군의
확보 가능성', '외국의 경우' 이 네 가지가 병과를 선정하
는 기준으로 고려되었다.

　여기서 '여성 본성'이란 이른바 여성 고유의 부드러움
과 예민성, 섬세성으로 정의된다. 이 기준으로 볼 때 여군
에게 적합하지 않은 병과는 보병·기갑·포병·공병·통신·
병기병과다. 여군에게 위험 부담이 큰 병과로는 앞서 열거
한 병과들에 더해 수송·화학·헌병이 추가된다. 말하자면,
여성에게 적절하지 않은 병과는 주로 전투 행위나 그에 준
하는 행위에 참여하는 병과다. 이른바 여성 특성을 잘 활용
할 수 있는 병과는 경영, 행정, 교육, 정보, 홍보, 보건관리,
물자관리, 회계 등의 업무를 담당하는 병과들이다.[24]

　국방부가 여군인력활용확대 정책을 공식적으로 발표할
무렵인 1998년에 제작한 〈꿈 도전 그리고 여군〉 홍보 영상
은 '섬세한' 여군들에 대해 이렇게 말한다. 여군은 항공정
비에서 "꼼꼼한 성격이 잘 맞아떨어져서" 남군보다 실력이
뛰어나고, 공사 일정 등을 "꼼꼼히 챙겨" 효율적으로 관리
하며, "여자의 침착함이나 세심함이 아니면 놓치기 쉬울
일"인 정보 메모도 꼼꼼히 진행한다. 그뿐 아니라 "깐깐
한" 총기 관리와 군수 관리, 병사 관리에 탁월한 능력이 인

정되어 상을 받는 여군들이 유능한 전문인으로 소개된다. '여성적인 것'은 미가 아니라 섬세함과 꼼꼼함과 같은 특성으로 인지된다. 그리고 여성의 고유함으로 간주되는 이 특성은 업무 능력으로 전환된다.

2000년대에 오면 '여성 본성'이라는 용어 자체가 자취를 감추고, 군사 활동의 적합성을 따지는 기준이 등장한다. 1999년 〈육군 여군인력활용 체계 개선 검토 보고서〉는 '여성 본성'과 '위험 부담성' 대신에 '전투에 소요되는 체력', '접적 전투의 여부', '여성들이 근무 가능한 시설 구비'를 식별 기준으로 삼는다. 그래서 전투병과는 제한적으로, 비전투병과 중 기술병과는 부분적 제한으로, 행정병과는 제한 없이 여군을 활용하는 것으로 설정된다. 결과적으로 2012년까지 여군 확대 비율이 가장 낮은 병과는 전투병과인 보병이었으며, 30퍼센트 이상 확대된 병과는 행정병과인 경리였다.[25]

해군과 공군의 여군활용 원칙도 크게 다를 바 없다. 해군의 여군활용 원칙 중에는 "여성 특유의 자질, 능력 및 특성이 효율적으로 발휘될 수 있는 직위에 보직"한다는 내용이 명시되어 있다.[26] 공군은 2008년에 내규에서 특정 성별이 담긴 '여군 특성'이라는 말을 '개인 능력'이라는 말로 수정했다.[27] 성 편견이자 성차별일 수 있는 여지를 없앤 것이다.

'여성 본성'이라는 말 대신 '체력'과 '전투 능력'이라는 말을 사용하니 인력 활용의 기준이 성 중립적인 것처럼 보인다. '여성적인 것'은 시대적 변화를 배경으로 여군제도에 맞추어 그 의미가 조정되었다. 미에서 여성 고유의 특성으로, 그리고 여성의 전문적 능력으로 재배치되었다. 그래서 '여성적인 것'은 21세기 군사 활동에 적실한 가치와 능력으로 조율된다.

'여성적인 것'은 곧 '여성'과 동일시되어 여성 군인은 마치 이를 내재한 것으로 전제한다. 그리고 '여성적인 것'은 여군이 적절히 활용하고 경영해야 할 대상으로 부상한다. 여군활용 정책의 핵심은 바로 여기에 있다. 국방부의 정책 발표문이든, 연구자들의 연구물이든 여군들의 자기서사이든 모든 관련 자료들은 이른바 '여성성'을 어떻게 활용할 것인가에 초점을 둔다. 다음의 글은《국방여군》(2004)에 게재된 여군발전워크숍 발표문의 일부이다.

군이 요구하는 여군의 리더십은 첫째로 임무를 수행할 수 있는 개인 체력을 구비해야 할 것이며, 둘째로는 조직에 융화될

수 있는 체육활동 능력을 갖추어야 하고, 셋째로 군 업무에 여성성을 적극 활용하는 것이다. …… 현대경제연구소 연구 결과 "여성은 남성처럼 행동하는 것보다 여성성을 자신의 강점으로 발휘하는 것이 필요하다"라고 언급했다. 즉, 섬세함과 부드러움을 군 업무상 강화할 필요가 있다는 것이다. 따라서 양성교육기관의 훈육 분야, 야전부대의 병력관리, 병사의 교육훈련 등의 분야는 여성성을 적극 활용해서 더 효율적인 업무 성과를 나타낼 수 있다고 판단되며, 과거의 약점으로 인식하던 여성성을 좀 더 강점으로 개발해 군 업무에 적극 활용하는 방안은 좀 더 연구해야 할 분야이고, 우리 스스로 많은 노력이 필요한 부분이다.[28]

《국방여군》 4호에 실린 〈새 시대의 매직워드 여군〉이라는 글도 유사하다. "강하되 효율적인 군을 양성하기 위해서는 사회에 축적된 모든 역할을 총동원해야 하며, 그 방법 중 하나가 여군활용"이라고 말한다. "더구나 현대군은 점차 정보화·첨단화되는데 여성의 섬세함은 이런 복잡하고 정교한 군 운용에 꼭 필요하다"고 역설한다.[29]

국가를 지키는 군안, 여/군인

여성이 군에 진입하는 일은 평등으로 해석된다. 여성이 군사 활동에 참여하는 일은 기회의 평등을 뜻하는 것이자 성차별을 깨는 일로 여겨지는 것이다. 게다가 군은 성차를 가져와서 '여성적인 것'을 여군의 우수한 능력으로 치환한다. 성차를 인정하고 존중하는 듯 보인다.

'다르지만 평등하게'는 성평등을 실현하려는 정책에서 매우 주요한 길잡이다. 우수인력담론은 군의 효율성을 높이기 위해 여군의 역량을 어디에 두며 어떻게 활용할 것인가라는 기능주의 접근을 따른다. 이렇게 여군의 '역할'에 중심을 두는 접근은 여군이 어느 정도 적합한가라는 방식의 논의가 되기 쉽다. 특히 그 적합성의 근거가 성차라면, 남성과의 대비 속에서 여성의 능력은 평가된다. 언뜻 보면 차이를 인정하는 평등을 말하는 듯하나, 내밀히 들여다보면 변형된 전통의 회귀이다.

차이는 젠더 규범을 통과해 성 역할을 자연스러운 것으로 만든다. 여성이 어떤 일에 배치되고 할당되는 것이 적절한가를 가늠하는 근거이자 원인으로 소환되는 것이다. 결국 여성의 군 진입은 성차를 사유하도록 자극했으나 젠더의 틀에 강박하는 방식으로 이해된다. 더욱이 남성을 기준으로 구성된 관례는 여군을 특별난 군인으로 잡아둔다. 전통적으로 여성이 군인이 되기엔 걸림돌이라고 여겨졌던 '여성적인 것'은 군에 변화를 일으킬 여성들의 고유한 능력으로 재편되었지만, 도리어 성 역할을 재생산하는 효과를 낸다. 여군은 남녀통합 시기에 와서 전문적인 '군인'으로 배치되었으나 성차가 함유하는 젠더 이념을 해체하지 못해 '여성'을 접두어로 부착한다. 여/군인이 된 것이다.

여/군인이란 군인 개인이 되지 못한 채, '여성적인 것'의 담론과 부분적이거나 동시적으로 혹은 모순되게 결합하거나 분리하는 군인되기를 압축한 표기이다. 말하자면, 여성성으로부터 자유롭지 않은, 혹은 여성성을 내재적 성질인 양 품고 이를 재생하는 여성들의 군인되기를 말한다. 여군은 능력 있는 우수한 군인으로 소환되어 젠더화된 여성 군인으로 조율되었다.

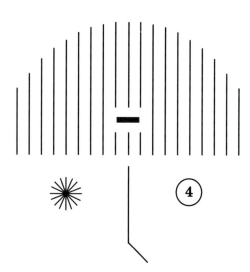

여성은 어떻게
군인이 되는가

새로운 나, 능력 있는 나

군은 역사적으로 여성들이 많이 진출하지 않은 분야인 만큼 여성들에게 도전적이고 모험적인 곳이다. 여성 군인들은 '겪어보지 못한' 새로운 세계에 도전해 경력을 쌓고, 자신의 능력을 확장시키려 군을 선택했다. 은지, 동희, 다혜의 말을 들어보자.

군에서 여군을 모집한다는 것을 보고, 뭐 내가 여잔데 못하는 게 뭐 있어. 아들보다 잘할 거니까 저런 데 가서 잘할 수 있을 거야라는 생각을 가지고 지원한 것도 큰데. 전혀 남자들보다 내가 못하는 게 없다. 내가 내 능력을 인정받을 수 있고, 평가받을 수 있다 하고 들어왔어요.

저는 좀 특별한 걸 하고 싶었어요. 여자가 잘 가지 않는 길, 아직 개척되지 않은 길 특별한 걸 하고, 약간 가부장적 집에서 내 스스로 자수성가할 수 있고, 주위에서 인정받을 수 있는 그런 걸 하고 싶었는데.

사실 그 평범하지 않은 분야를 자기가 스스로 선택한 것이잖아요. 그 과정 자체가, 나는 뭔가 남과 다른 걸 할 수 있을 거 같애라는 그런 자존감이 굉장히 강하고, 그런 전제하에 군에 오게 되는 거 같아요.

여군들이 표현하는 '도전', '진취성', '남과 다른 개성', '자기효능감', '리더십'이라는 언어들은 여성 군인들이 자신의 삶을 어떻게 다루고 싶어 하는지 보여준다. 전통적인 여성의 역할과 다른 삶은, 전통적으로 여성의 장소라고 여겨지지 않은 분야에서 나타난다. 육군사관학교 화랑대연구소가 여군과 후보생 177명에게 군을 선택한 이유에 대해 설문조사를 하니 "여성 소수자 진출 분야에 대한 도전"이라는 답이 가장 많았다. 그다음이 "사회적 지위와 명성"이었다. 공군사관학교 조사보고서나 국방부 여군발전단의 연구들도 여군이 다른 집단에 비해 성 역할에서 더 유연하

고 진보적인 태도를 보인다는 결과를 내놓았다.[1]

군인이라는 직업이 주는 끌림은 제복이 주는 매력으로 먼저 발현된다. 군인이 되기 전 여성들은 제복의 와일드하고 진취적이며 카리스마적이고, 어느 정도는 중성적인 느낌에 매료되곤 한다. 군복은 기본적으로 시민을 군인으로 전환하는 사회문화적 장치다. 군인의 몸은 군복을 착용하고 동일한 몸동작과 소리를 내는 군사훈련을 통해 만들어진다. 그 과정은 군인으로서 갖추어야 할 자세를 형성해줄 뿐 아니라 군의 응집력을 높인다. 그런데 전통적으로 군복은 남성 군인의 동일성과 단결력을 형성하는 주요 기제로 해석되었다.[2] 남성 중심적인 군 조직에서 군복은 개별적인 남성을 남성성이라는 동일성으로 묶고 표면화하는 것이다. 그러나 여성들에게 군복은 새로운 일에 대한 도전이자 좀 다른 영역을 개척하는 기호로 재현된다.

여성 군인의 증가는 포스트근대 군대의 특성이자 일부 서구 국가의 직업적 현상이기도 하다.[3] 헬레나 카라이러스 Helena Carreiras는 네덜란드와 포르투갈 여군 사례 연구를 통해 최근 여성들은 노동시장 모델로 설명할 수 없는 가치를 중심으로 선택하는 특성을 보인다고 논한다. 여성들이 경제적 보장 이상의 훈련과 모험, 흥미로운 경험에 매력을 느껴 군을 지원하는 추세라는 것이다.[4] 다혜의 말이다.

내가, 다른 밖에서는 정말 어떻게 훈련을 받아보고 이런 경험
을 해보겠어요. 이런 특별한 경험들을. 내가 한번 도전해보고
싶고 내가 이걸 해냈다라는 그런 성취감도 얻고 싶고. 그래서
여기서 근무를 하는 거니까.

다혜가 말하는 도전과 모험심, 그리고 이를 통한 자기성
취감은 '능력 있는 자기'를 발명하고 추구하는 일과 맞닿
아 있다. 자신을 능력 있는 주체로 주체화하는 방식에 스
스로 개입하는 것이다. 여기서 '자기'란 여러 선택지 속에
서 스스로 선택하고 자신의 삶을 만들어가며 그 과정을 개
인의 책임이라고 여기는 자율적 존재다.[5] 그러니까 '자기'
는 고정된 어떤 실체라기보다는 자기 생애에서 관리하고
경영하는 대상으로서 기획된다. 여군들에게 자기는 사회
적으로 부여된 젠더가 탈각된 자기이며, 새로운 일들에 도
전해 성취감을 느끼는 능력 있는 자기다.
　그뿐 아니라 '능력 있는 자기'는 군인이라는 직업의 사
회적 지위로 이어진다. 그들에게 '군인이 멋있다'는 것은
경제적 이익만으로 환산되지 않는 사회적 명성을 함유한

다. 여군들에게 군인은 '어느 정도 능력 있고 곧은 정신을 가졌으며, 체력도 되는' 사회적으로 평판 좋은 직업이라고 여겨진다. 사실 한국 사회에서 군인의 직업 만족도나 평가 정도는 전반적으로 높지 않다. 그러나 여성들에게는 새로운 영역이고 공공성을 띤 국가의 일이라는 점에서 일반적인 평판을 넘어선다.

무엇보다 여군들은 능력 있는 자기 추구가 군에서 실현될 수 있다고 믿는다. 군은 다른 영역보다 성평등하리라는 기대감, 군 계급은 남녀를 구분하지 않는다는 조직의 특수성, 무엇이든 할 수 있다는 자기능력에 대한 긍정성 때문이다. 특히 군의 계급은 젠더 관계를 넘어 그 직위에 맞는 능력으로 평가받을 수 있게 해주는 특성으로 여겨지기에 여군들은 다른 직장보다 군이 더 평등하다고 믿는다. 특히 여성 장교들은 소위로 출발하므로 일반 직장에 취직한 또래의 여성들과는 다르게 리더의 위치에서 부하들을 지휘하고 관리한다. "손끝 하나로" 사람을 움직이고(현진, 경민), "눈빛으로" 사람을 제압하는 카리스마(수린), 사람들을 이끄는 "대장 노릇"(예실), "남성을 군인으로 변화"시킬 수 있는 영향력(숙환, 현지, 인주). 그것은 군 계급에서 온다. 효윤의 말이다.

(전투임무가 주어지면?) 주어지면 또 할 거 같아요. 그냥 모든 여군들이 똑같이 말하겠지만 임무가 주어지면 또 거기 맞춰서 능력을 키우고, 거기서 잘하기 위해서 나를 계발해서 임무 완수하지 않을까. 저도 그렇게 되지 않을까.

여군들의 능력 있는 자기 추구는 군의 인적자원 개발 정책과 만나면서 자신의 능력을 계발·측정·평가하는 다양한 테크놀로지를 수반한다. 여성 장교들은 군인양성 교육을 받은 후 임관을 하고, 병과를 선택해 특정 병과에서 업무를 수행하며, 군이 적성에 맞는지 견주고 견디면서 의무복무 시기를 지나 장기복무자로 선정되는 과정을 거친다. 부대와 특정 직무에 배치되고 평가받는 과정은 군의 선택을 받는 일이고, 지휘관의 권한 안에서 좌우된다. 이 과정에서 여군은 최선을 다해 업무를 수행하고 인정받기 위해 집중한다. 말하자면 능력을 보여주는 일이다. 병과마다 특성이 다르긴 하나, 여군들은 직무 수행 능력을 향상시키기 위해 관련 자격증을 따고, 외국어를 습득하며, 군사 관련 지식을 쌓는 여러 위탁교육에 참여한다. 그 외에도 성격검사, 상담, 리더십, 양성평등 교육 등 업무와 관련된 교육을 군대 안팎에서 받는다.

여군들이 직무 수행을 위해 공통적으로 거론하는 자기관리로 먼저 체력 관리를 꼽을 수 있다. 체력 평가는 군 진입 때부터 시작되며, 진급 선발을 위한 평가 요소로서 정기적으로 진행된다. 두 번째로는 조직 내 인간관계를 둘러싼 자기관리다. 조직 관리와 부하 관리, 상사의 의도 알아채기는 직무 수행을 위한 기본이다. 여성 장교들은 직무 수행을 위한 적절한 태도로 함께 참여한다는 동참을 강조한다. 그러나 지나친 적극성은 나대거나 공격적으로 여겨지므로 부작용을 가져온다. 튀지 않는 조화와 섞이는 융합이 더 지혜롭다. 그렇다고 해서 소극적으로 대하면 그 자세는 저평가된다. 소극성은 '여성이라서 그래'라는 인식에서 자유롭지 못하기 때문이다. 여성의 자질과 태도는 이미 젠더 규범에 따라 판단되어 성 고정관념을 함유한다.

여군이 무엇보다 장기적으로 모색하는 자기역량은 전문성이다. 자기역량을 계발해 스스로 자신의 가치를 높이는 일은 기업이 자사의 특성과 이미지를 추구하며 브랜드 정체성을 만들어내는 것과 크게 다르지 않다. 자기계발은 군인으로서 신뢰 있는 이미지를 만드는 것이며, 나를 그 자리에 쓰도록 하는 것이다. 여군들은 자신을 쓰도록 만드는 것도 능력이라며, 그 능력을 스스로 계발해야 한다고 말한다.

초기 간부 시절은 군에 적응하고 주어진 직무를 수행하는 데 중점을 둔다면, 대위 시기에는 경력을 관리해야 한다는 생각과 더불어 자신의 전문 분야를 모색한다. 이는 앞으로 직면할 영관급 시기의 비전을 장기적으로 탐색하는 일이다. 그런데 여성 군인들은 자기능력계발을 진급으로 가시화하기보다 자기실현에 초점을 둔다. 세하와 다혜는 말한다.

사유하는 깊이 있는 사람이 됐으면 좋겠다는 생각을 항상 해요. …… 그래서 지금의 저보다는 계속 더 나은 사람이 되고 싶은데 그 '나은'이라는 게 뭔가? 진급을 하거나, 뭐 뭘 하거나 그게 아니라 그냥 그 깊이를 좀 깊게 하고 싶어요.

그만한 능력이 있다면 그만한 계급에 또 진급을 시켜주실 것이고, 만약 진급을 했다면 그에 맞게 권한을 가지고 임무 수행을 하면 된다 생각해요. 하지만 나의 분야에서 내 능력을 최대한 발휘해서 내 자존감을 찾고 성취감을 얻는다, 그게 제일의 목표인 것 같아요.

여군들은 인정을 통해 자아실현을 이루려 한다. 조직에서 선한 영향력을 행사하거나, 더 나은 사람으로서 자아발전을 꾀하거나, 능력을 최대한 확장시키며 얻게 되는 자기성취감과 자존감을 열망한다. 그런데 능력 있는 자기 구성은 오롯이 자기이익을 확대하는 의미만으로 수렴되지 않는다. 국가주의와 만나 국가를 통해, 혹은 국가의 보호 아래 형성된다. 자신이 해보고 싶은 분야를 더 배워서 능력을 확대시키는 일은 개인의 발전에도 도움이 되지만, 곧 국가안보를 위한 자원과 통한다. 《국방여군》에 실린 한 해군 여군의 자기 서사도 크게 다르지 않다.

> 중요한 것은 '나'라는 사람 자체이며 나의 능력을 가장 잘 발휘할 수 있는 길을 찾아 최선을 다할 때 그것이 바로 '군이 원하는 진정한 나'라는 것을 말이다. …… 타국의 해군과 훈련하고 교류할 때마다 내 자신이 경쟁력과 전문성을 갖추었는가를 고민하게 되었다. 나는 깨어나야 했다. 생도 시절의 다짐처럼 나에게는 나의 능력에 가장 적합한 길을 찾아 도전해야 한다는 숙제가 남았다는 것을.[6]

필자가 만난 여군들은 군을 "국가를 위해 목숨을 바쳐

야 하는 곳", "생명을 다루는 곳", "전쟁 시에 죽음을 각오
해야 하는 곳"이라고 했으며, "그것이 세상에서 가장 명예
로운 행위"라고 말했다. 여군들에게 군의 일은 단순한 경
제적 이익을 넘어 공익이다. 국가의 공공선을 실행하는 일
은 자부심과 명예로움을 준다. 2000년대 이후 군 복무를
하는 여성들은 때로 주변인들의 곱지 않은 시선을 받기도
한다. 군인정신이 부족하다는 의구심이 배어 있는 것이다.
하지만 이들은 국가에 대한 헌신이 곧 자기계발로 돌아오
는, 자기완성적 사유를 통해 자기 삶을 구성한다. 개인의
행복과 삶의 질에 초점을 두면서, 자기배려의 통치 기술[7]
을 통해 자기주도적으로 삶의 능력을 성장시키는 방식으
로써 국가와 관계를 맺는다.

　　이는 남성만의 병역의무제에 따라 군인이 되는 남성의
주체화 과정과는 사뭇 다르다. 장병의 군인되기는 국가의
호명에 응답해 진입한 군대 안에서 자유권이 박탈됨으로
써 형성된다. 또한 국가권력의 통제 속에서 자기희생을 수
반한다. 그러나 동시에 국가의 국민으로서 정치적 시민권
을 행사한다. 따라서 동일한 장교라 할지라도 군을 선택한
여군과, 남성만의 병역의무제에서 간부 계급을 선택한 남
군은 그 맥락이 다르다. 여군에게 선택은 능력 있는 자기

를 지속적으로 계발하는 자유의지의 행사다.

여성과 군인 사이에서

'능력 있는 자기'는 자신에게서 출발하지만 자신을 선행하는 사회적 규범 안에서 구성된다. 여군은 여성을 경유하지 않은 군인되기를 추구하나 '여성적인 것'에서 자유롭지 못하다. 그들은 포섭과 배제, 혜택과 차별을 동시에 경험하며, 여군들을 여성의 자리에 두려는 힘과 갈등하고 충돌한다.

•— 여성이어도, 여성이 아니어도 안 되는

여군이 되고 싶은가, 군인이 되고 싶은가?
제군들은 여성이 아니라 군인이다.

여자이고 싶으면 해병이 되는 것을 포기하라.
너희들은 여자가 아니야. 해병대에 들어온 이상 머리 긴 해병
대일 뿐이지 여군이 아니란 말야.[8]

여군들이 군인양성 과정에서 들을 수 있는 교시다. 여기서 여성과 군인은 대립되며, 여성(성)은 부정되어야 할 어떤 것이다. 교관들의 가르침에 따르면, 여성 군인은 여성(성)을 부정하는 지점에서 군인이 되는 역설적 존재가 된다. 그래서 근대적 군인상과 여군 자아 사이에는 모순과 충돌이 일어난다. 군인의 이상은 사나이로 기표되며, 생산력 있는 이성애 남성으로 표방되는데, 이는 여성(성)을 부정하거나 폄하하면서 구성되는 근대적 남성성의 특성을 고스란히 담고 있다.[9] 군인상을 이 남성성에 두면 여성들은 아무리 노력해도 거기에 도달할 수 없다.

지배적인 남성 군인상에 일치하지 못하고 미끄러지는 '여성적인 것'은 예외이거나 특별한 것이 된다. 군은 이 '여성적인 것'을 양가적으로 다룬다. 섬세함이나 꼼꼼함을 여성 고유의 특성으로 꼽으며 여군의 전문성으로 특화하는 한편, 나약함 같은 특성은 군인성과 대립되는 여성성으로 거론한다. 그렇기에 여성과 군인으로 구획된 영역에서 여군들은 긴장감을 놓을 수 없다. 인주는 말한다.

너무 중간에서 아슬아슬하게 줄다리기를 하는 거예요. 너무 과하지도 않고, 너무 아니어서도 안 되는. …… 훈련 같은 것

할 때는 남자랑 똑같이 훈련해라 얘기하면서도 병력관리할 때는 부드럽게 여성성을 발휘해라 이렇게 얘기하는 것처럼. (병력관리요?) 병사들을 대할 때 남자들처럼 무뚝뚝하게 하지 말고, 여자의 섬세함을 발휘해서 얘기도 잘 듣고, 부드럽게 잘하고. 이렇게 얘기하는 거죠. 훈련할 때 똑같이 해라. 더 열심히 해라 이렇게 하면서 병사가 문제를 일으켰다, 사고를 쳤다 그러면 여자가 관리하는데 왜 그것 하나 관리하지 못했나 그런 식으로.

　지효와 채영은 군사훈련 중 잠깐의 휴식 시간에도 꼿꼿한 자세를 취한다. '편히' 쉬고 있다가 "여자가 앉아 있는 모습이 왜 그래?"라는 지적을 들었기 때문이다. 여군들은 업무에서도 여성들의 일이라고 생각되는 장소에 배치된다. 친누나가 돌보는 듯한 병력 관리나 세심하게 살펴야 하는 환경미화, 공개 행사에 외부 손님을 안내하고 응접하는 일에 여군들이 있다.

　여군들은 '여성적인 것'에서 자유롭지 못하다. 개인 여군들이 개별적으로 섬세한 특성을 소유하는지 여부와 상관없이, 여성적인 일이 맡겨지는 순간 여군들은 '여성' 군인이 된다. 그들은 '여성' 집단으로 묶이면서 동질적인 집단으로 취급된다. 여성이 지속적으로 재생산되는 순간이다. 그렇게 여성들은 만들어진다. 각각 호경, 예진, 강희, 시영, 선현의 말이다.

남성과 여성 그 차이가 아니라 인간 호경이가 결정을 내리는 차이거든요. 그때까지도 내가 여성이라는 것을 붙이고 살죠. 우리 소대장은 여성이라서 그렇게 결정을 했어. 인간 호경이가 그렇게 했는데 여군이라서 그렇게 했어, 여군으로 국한시키는 거죠.

예진 하사 일을 되게 못해 이렇게 말하는 게 아니라 여군들 되게 일 못해. 여군들 짜증나. 이런 식으로. 그러니까 한 명이 잘못하면 여군 전체가 욕먹게 되니까.

저는 그 말 자체가 너무 싫었거든요. 남군한테는 남군이라고 잘 안 불러요. 무슨 대위 그러는데. 제가 만약 다른 부대에 가 있다 그러면 다른 부대에서 저를 찾고 싶으면 그 사람이 그렇게 물어봐요. 너네 부대 여군 있지? 제 이름은 몰라도. 보통 그렇거든요.

사람들이 그러거든요. 일하다 보면 제가 가장 싫어하는 말 중에 여자들 섬세하잖아 섬세한 생각으로 해보라 그러고. 섬세하게 해보라 그러고. 환경미화 이런 것 해보라 그러고. 섬세하니까. 야야 이 식탁보 무슨 색깔하는 게 좋을 것 같애? 그러면 전 안 섬세하거든요. 전 미적 감각도 없고. 그런 통념을 버려야 한다고 생각해요. 안 섬세하고 미적 감각도 없는 여자도 있다는 것.

친누나 같은 스타일도 있고. 지휘관 같은 스타일도 있는 건데. 그걸 한정 지어서 너네들은 친누나처럼 해야 한다, 섬세하게 해야 한다, 그렇게 한정시켜버리면 그렇지 않은 성격의 여자들은, 그렇다고 해서 여자가 남자로 성전환 수술을 할 수 없는 거고. 일반화시켜서 너네들은 섬세하다, 너네들은 이렇다라고 하는 게 절대 바람직하지 않다는 거죠.

•— 기싸움의 나날들

전통적인 전쟁 담론은 남성은 보호자, 여성은 남성의 보호를 필요로 하는 피보호자라는 구도 안에서 형성된다. 여성 군인은 보호자–피보호자 틀에서 어디에 있는지 설명하기가 애매하다. 오히려 여성이 군인이 된다는 것은 이원화된 구도에 균열을 낼 수 있는 촉발점이다. 전통적인 젠더 규범에 문제를 일으킨다.

로렌 다울러Lorraine Dowler는 전통적 규범에 도전하는 이 공간을 '전선frontline'이라고 부른다. 공과 사의 전통적 경계를 모호하게 만드는 제3의 공간으로 보고, 이원화의 변화를 일으킬 수 있는 가능성으로 본다.[10] 그러나 이 공간은 전통적 규범들의 저항 없이 순수한 도전과 변화가 일어나는 장소가 아니다. 도전과 변화가 기존의 관습들과 충돌하면서 여군을 전통적인 여성의 위치로 되돌리려는 힘들과 경합하는 장소이다. 이 과정에서 여군은 때로 보호받아야 할 여성으로 퇴좌退座되기 쉽다.

창고 책임자였던 한 여성 소대장은 추운 창고에 들어갔다가 "여기 추운데 왜 들어오냐"고 "자기가 알아서 하겠으니 나가 있으라"는 부하 병사의 말을 듣고, 자신이 지휘자가 아니라 보호받는 느낌이었음을 토로한다.[11] 호경도 남성 병사들의 지나친 호의가 과잉 충성으로 발휘되어 자신을 보호하는 방식으로 나타날 때 "나 너희 지휘자야"라고 소리치고 싶었다고 말한다.

여군들에게 군 계급은 젠더보다 우선시된다. 여성이라는 존재양식을 넘어설 수 있는 권력이자 권위다. 그러나 군 계급이 전통적 젠더 규범과 경합하면 여성 군인들은 상관에 대한 충성인지 여성에 대한 보호인지 모호한 지점들에 노출된다. 여기에 나이가 결합되면 계급 간 갈등은 증폭된다. 서연과 현아는 말한다.

여군이라서 약간 무시라고 해야 하나? 뭐라고 해야 되죠? 아이고 어린애가 와서 넘버 투로 앉아 있네. 나이가 엄청 많은 준사관들이 봤을 땐 그런 게 있었는데.

중사가 있었는데 나보다 나이는 많은데 계급은 아래죠. 중사는 나를 무시하는 경우도 있었고. 소위 때는 내가 여자라서 그렇게 대하나 그렇게 생각을 했었는데 업무 하면서 극복했어요. 여군에 대해서 처음에는 선입견으로 대합니다. 여군 장교가 처음이니까.

나이 많은 부하들과의 관계에서 여군들은 자신의 지도력을 증명해야 한다. 강한 체력이나 기술적인 지식, 정보력의 소지, 혹은 업무 처리 능력의 탁월함을 보여야 한다. 혹은 술 테스트나 체력 테스트와 같은 자리에서 기선 제압을 한다. 이 과정을 여군들은 '기싸움'이라고 말한다. '기싸움'은 젠더와 연령, 군 계급이 교차하면서 발생하는 권력의 장이다.

한편, 여군을 특별한 장소에 두려는 '보호' 기제는 지휘관들의 부성적 정서로도 발동한다. 여군이 군에 들어온 초기, 군은 여군들의 훈련 강도를 어느 정도로 잡아야 하는지 가늠하지 못해 여군을 때로 열외시키거나 훈련 강도를 남군보다 낮추었다. 그러자 여군들은 남군들과 동일하게 대우받고 훈련받기를 자청했다. 지휘관들은 여군들이 대견스러우면서도 '여성의 몸'으로 군사훈련을 받는 '딸'들을 안쓰럽게 여겼다. 또한 젊은 남성들 틈 속에서 일하는 여군들을 보호해야 할 아버지의 심정이 되었다. 예실의 말이다.

> 높으신 지휘관 분들은 여군을 약간 특별 관리하시는 경우가 있어요. 여군들에게 요즘 일 잘하고 있지? 요즘 괴롭히는 사람 없지? 하고 대놓고 물어보세요. 그렇게 하니까 남군들이 여군에 대해서 함부로 못해요. 그 대신 이거 역차별 아니냐 그런 생각을 가지고 있어요.

•— 칭찬의 함정

"어~ 여군인데도 잘하네~"

칭찬같이 들린다. 그러나 따져보면 여성의 능력에 대한 편견이 들어 있다. 여군의 능력에 대한 미심쩍음과 하향된 기대가 담긴 말이자, 여군을 특별한 집단으로 분리하는 말이다. 로자베스 칸터Rosabeth M. Kanter는, 특정한 조직에서 소수 집단은 눈에 띄어 관심의 대상이 되고 쉽게 유형화되는 경향이 있다고 말한다.[12] 한 조직에서 여성의 비율이 15% 이하가 되면 실질적 힘을 갖지 못하고 명목적 지위를 가진다. 그 여성들은 개인으로 간주되지 못하고 집단 전체를 대표하는 상징이 되는 것이다. 칸터의 토큰 이론이다. 그러나 단순히 소수라서 차별만 받는 것은 아니다. 소수가 경쟁력이 약할 때는 오히려 혜택을 받을 수도 있다. 레오라 로젠Leora N. Rosen 등은 소수 집단이 경쟁력이 있느냐 없느냐에 따라 토큰의 효과가 달라진다고 본다.[13]

한국 여군들은 소수이므로 주목을 받지만 차별의 상황에만 놓이는 것은 아니다. 주목받기는 차별과 혜택이라는 이중성을 갖는다. 여군들이 격려를 더 받는다든지 발표 기회를 더 얻을 수도 있다. 하지만 이는 온정적인 성차별주의에 다름 아니다. 남성 중심성이 위협받지 않는 범위 안에서 여성을 보호하고 인정하는 호의적 태도다. 여군들은 이 가운데 차별과 혜택이라는 아슬한 줄타기를 한다. 진옥은 말한다.

군 사회가 여군에 대한 인식이 그렇게 깊지가 않아요. 어우 잘해. 남군보다 훨씬 나아 이렇게 말을 해요. 근데 조금만 못하면 밉보여요. 반대로. 아 여군 진짜 아야. 아 보직시키지마. 골치 아파. 이렇게 말하기 시작하면 한도 끝도 없죠. 그렇게 되지 않으려고 애를 쓰는 거죠.

여군들이 군대에서 부딪히는 현실적인 문제는 편의시설이 부족하다는 점이다. 여자 화장실도 제대로 설치되지 않은 부대가 대부분이지만, 설치된다 하더라도 남군의 샤워실이나 화장실을 거쳐서 가야 하는 '생각 없는' 배치도 꽤있다. 여성용 시설을 세우는 비용이 과다하게 소요되는 곳에는 여군을 배치하지 않는다는 규정이 있었던 만큼[14] 여성의 군사노동 조건은 열악하다. 이는 여군들이 다양한 장소와 업무에서 일할 기회가 제한되는 결과도 초래한다.

그뿐 아니라 일부 지휘관들이 여군의 전입을 거부하는 경우도 종종 있다. 골치 아픈 일들이 일어날 거라고 예상하며 아예 이를 만들지 않겠다는 속셈이다. 한국여성정책연구원은 2012년 〈여군인권상황 실태조사〉에서 군 조직문화가 여군에 대해 비친화적이라는 연구 결과를 발표했다. 그 조사 결과 중 하나가 지휘관이 남군을 선호한다는 것이다. 여군 응답자의 71.2퍼센트가 그렇다고 답했다.

이 모든 과정에서 여군은 '봐주어야 할' 존재이다. 여기에는 차이를 인정하는 평등 정책의 난제가 도사린다. '다르지만 평등하게'라는 정책은 여성의 차이를 인정하는 평등으로 보이지만, 오히려 여성을 특별하거나 특혜받는 집단으로 만든다. 평등 정책이 남성 집단을 기준점으로 삼아 수립되기 때문이다. 이 상황에서 승연은 다름을 내세우기보다 남군과 똑같이 대우받기를 택한다.

야영훈련을 나가면 행정보호관이 물어봐요. "대위님 텐트를 별도로 쳐드릴까요?" 근데 통상 뻔히 보이거든요. 제 텐트를 치기 위해서 여러 명이 어딘가에 폴대를 세우고, 텐트를 쳐야 하고, 그러다 보면 제가 혼자 쓰니까 다른 사람들이 더 좁은 곳에 많이 들어가야 하고. 먼저 이렇게 물어보고 배려하지만, 한편으로 "여군이 와서 불편해"라고 해요. 초급 장교 때는 뭣모르고 호의라고 생각하는데 군 생활을 하다 보면 거절하는

것이 여군들한테 좋고 내가 불편해도 앞으로 좋았다는 것을 알게 되죠. 저 같은 경우는 중위 달고 시범 케이스가 될 뻔했어요. 그 부대에 들어가면 6개월 먹고 자고 해야 하는데. 또 대대장 옆에 숙소를 지어야 하니 마니 이런 얘기가 나올 것이고. 그 자체가 여군이 가서 쓸데없는 소요가 생긴다고 보거든요. 그러니까 지휘관들이 커트를 하는 거죠. (여군을 뽑으면 국가가 해야 하지 않느냐고 묻자) 실은 그래요. 근데 불필요한 낭비라고 생각하거든요. 그냥 같이 쓰면 되는데. 주변에서 어떻게 보느냐 염려들이 여군의 자리를 너무 많이 막았거든요.

•— 왜 군대 미투는 없을까?

사람들 사이에서 회자되고 인용되는 유명한 일화가 있다. 피우진 예비역 중령이 여군대대장으로서 군 생활을 할 당시, 군 사령관이 술자리에 여군을 호출했을 때 여군 부사관들에게 전투복을 입혀서 보냈다는 이야기다.[15] 그가 낼 수 있는 최선의 지혜였다. 그로부터 30여 년이 지났다. 한 국회의원이 여군을 '하사 아가씨'라고 칭하거나, 성폭력을 예방하려면 여성들 스스로 조심해야 한다고 말하는 군 관계자들의 발언은 여전히 소란스러운 뉴스를 만든다.

이라크 전쟁에 참전했던 카일라 윌리엄스Kayla Williams는 강한 체력을 지닌 유능한 미국 여군이었다. 자기신뢰도도 높았다. 그러나 그는 "캠프 밖의 적만이 아니라 캠프 안의 적들도 두려웠다"고 고백한다. 여군들은 생사를 오가는 무력분쟁 한가운데서 드러나지 않는 또 다른 전쟁을 치른다. 한때 주한 미군이었던 그는 한국의 여군들이 화장실을 함께 가는 장면을 성적으로 취약한 여군의 현실로 해석하기도 했다.[16]

여군 연구자들은 남성 권력이 강하게 작동하는 증거로 군대 내 성폭력을 내세운다. 메건 맥켄지는 여성을 전투에서 배제하는 남성들만의 유대가 여성과 남성의 긴장감을 높이고 여성을 온전한 군인으로 여기지 않게 함으로써 여성에 대한 성희롱을 일으킨다고 진단한다.[17] 초남성 공간의 조직문화에서 여성을 배제하는 관행은 여성을 동료가 아니라 성적 대상으로 여기게 만든다.

그런데 성폭력의 원인을 조직문화의 성차별주의에 두지 않고 군에 진입하는 여성의 탓으로 돌리는 일이 비일비재하다. 여성이 군에 없으면 일어나지 않을 일이 여성의 진출로 빚어졌다는 것이다. 결국 성폭력은 기존의 남성 동성사회가 남녀통합이라는 신제도를 만나 일으킨 충돌 현상이라고 말할 수 있다. 군 조직문화가 여전히 성차별적임을 반증한다.

여기에는 여성의 몸이 취약하다는 통념이 작동한다. 군사 활동에서 여성 군인이 성적 대상이 된다는 자체가 몸의 취약함을 예증한다. 군인의 일이란 타인의 안전한 삶을 보호하고 지키는 일이다. 그런데 여성의 몸이 취약하다는 점은 군인으로서 태생적 능력이 부족하다는 뜻이 된다. 전쟁 때 여군들이 성고문에 쉽게 노출되리라는 견해는 여군의 전투 참여를 반대하는 이유였다. 아군의 사기를 저하시키고 전투력을 방해한다는 것이다. 그러니 군인이 된 여성들이 어떻게 자신이 겪은 성폭력을 자백할 수 있을까? 세간에서 말하는 이른바 몸의 취약성을 어떻게 스스로 밝힐 수 있을까? 그래서 성폭력은 여성에 대한 차별 구조에서 일어나지만, 역으로 여성의 군 참여를 제한하도록 만드는 예시가 된다.

군대 내 성폭력이 주의를 끄는 것은 조직의 특성 때문이다. 위계질서가 강한 조직 구조와 문화는 피해자의 '거부' 의사를 무시하거나 오독한다. 국방부가 제작한 2011년 성군기사고 예방교육 자료는 상관이 부하 여군을 성추행했을 때 피해를 입은 여군이 "그럴 의사는 없으셨겠지만"으로 시작되는 매우 공손한 말투와 자세로 대처하도록 안내

한다. 계급질서를 존중하는 특성을 반영한 것이다. 군이 그동안 사용했던 '성군기사고'라는 용어 자체가 군 조직의 보존을 방해하는 성적인 사고를 문제 삼는다는 취지다. 피해자의 인권도, 군 조직문화의 폐해도 뒷전이다.

2015년 이후 국방부는 '성군기사고'라는 용어 대신에 '성희롱', '성폭력'을 사용한다. 2016년에 성폭력 근절 종합 대책을 발표했고, 2019년에는 성폭력 예방교육 교재도 새롭게 정비했다. 지금은 국방부가 군대 내 성폭력을 전반적으로 파악하기 위해 정기적인 실태조사도 한다.

그러나 여군들은 여전히 "왜 '노no'라고 분명히 말하지 않았느냐"는 언짢은 세간의 질문을 듣는다. 여러 현장에서 미투 선언이 이어질 때도 군대의 미투 선언은 터지지 못했다. 군대 내 사건을 보고해야 하는 지휘 체계 때문에 군대 내 피해자들은 침묵하기 쉽다. 여군의 절반 정도는 신고를 해도 문제가 해결되리라고 신뢰하지 못한다.[18] 신고를 했어도 그 해결 과정에서 피해자 여군의 정보는 빠르게 유통된다. 그러니 여군의 90퍼센트가 대응하지 않겠다는 반응을 보인 것은[19] 자연스러운 결과일지도 모른다.

체력은 남성성의 마지막 보루일까

군에서 체력은 군사훈련을 받거나 업무를 수행할 때 기본적으로 요구되는 항목이다. 그러나 체력은 그 이상의 의미와 상징을 갖는다. 군인으로서 능력을 입증하는 요소일 뿐 아니라 인정받는 군인되기의 표상이다. 그런데 체력은 남성과 여성의 차이를 전시하는 핵심이다. 군 관련 연구물들은 여성의 체력 항목을 제외하면 남녀통합 교육과 훈련이 성공적이라고 평가한다.[20] 여성은 대체적으로 남성 체력의 70~80퍼센트에 그친다는 내용이 군 보고서의 주를 이룬다.

캐롤 콘Carol Cohn은 군인이란 "푸시업을 얼마나 하고, 루프를 타고 올라가기 위해 상체 근육을 사용하고, 순간의 속도를 내어 얼마나 빨리 달리는가를 보여주는 것"이라고 말한다. 그런데 이렇게 몸을 잘 움직이는 이상적인 군인은 남성으로 표상된다.[21] 군에서 체력은 여성과 남성의 차이를 보여주고, 여성이 열세라는 과학적 근거로 자주 인용된다. 반복적 인용과 언술은 여성의 몸과 남성의 몸을 성차화한다.

물론 여성의 몸과 남성의 몸은 생리적 차이가 있다. 필

148

자가 만난 여군들도 군사훈련 시절을 기억하며 기초 체력
은 남성들이 낫다고 말한다. 그러나 여기에는 두 가지 어
법이 있다. 하나는 '평균적으로'이고, 또 하나는 '개별적
으로'다. 평균적으로 여군의 체력은 남군보다 못하지만,
개별적으로 남군보다 뛰어난 여군도 있고 여군보다 못한
남군도 있다는 것이다. 평균적 차이와 개별적 차이는 다양
한 몸들의 차이를 설명하는 방식이다. 지효와 시영의 말을
들어보자.

평균을 내면 당연히 남자들이 신체적인 조건이 좋을 수밖에
없죠. 그 안에 개인적인 차이가 있죠. 남자애들보다 잘하는
여자애들이 있고, 남자애들 평균보다 못하는 애들이 있고 그
래요. 같은 동기 여자애들 중에서도 월등히 잘하는 애들 있었
어요. 그니까 그런 애들도 있고, 남자들 중에서도 비리비리한
여자보다 못한 애들도 있어요.

물론 대부분의 여자들이 남자보다 약하지만 아닌 여자들도
많아요. 또 아닌 남자들도 많아요. 나는 체력이 된다고 했는
데 한 몇 십 킬로 뛰고 산에 올라가고 그러는데 내가 남자의
병기를 제가 들어줬거든요. 남자애가 너무 약해가지고 정말

**곧 쓰러질 것 같은 거예요. 나는 그게 개인의 차이라고 생각
해요.**

그런데 평균적 차이를 절대적 차이로 전환하면 남성과
여성은 집단화되고 불평등해진다. 래윈 코넬Raewyn W.
Connell은 이를 부정과 초월, 몸의 변형으로 설명한다.[22] 여
성과 남성을 집단적으로 범주화하면 오히려 몸들의 생물
학적 차이가 부정된다. 그리고 개별적인 몸의 특성은 추상
화된다. 이 과정에서 성차는 몸의 차이를 설명하기 위해
지속적으로 소환되면서 이념적으로 구성된다. 그래서 여
성과 남성의 몸은 젠더화된 몸으로 변형된다. 크리스 실링
Chris Shilling이 지적한 대로, 사회적 범주화가 오히려 몸의
생물학적 측면을 부정하는 셈이다.[23] 체력이 능력으로 측
정되고 여성을 배제하는 근거로 작동하는 순간은 사회문
화적인 것이다. 따라서 성차는 여성의 몸이 군인으로 적합
하지 않은 원인이라기보다는, 여성의 몸이 군인으로 적합
하지 않다고 언술할 때 생산되는 효과다.[24]

체력은 군이나 병과, 맡은 직책에 따라서 필요로 하는
내용과 정도가 다르다. 필자가 만난 여군들은 모두 군사훈
련을 통과한 여성이라면 군인되기에 충분한 체력은 있다

고 말한다. 고도의 체력과 몸의 기술을 요하는 일은 일부 특수부대에 국한되며, 이는 모든 남성이 할 수 있는 일이 아니라 일부 훈련받은 남성들의 몫이다. 오히려 간부 군인으로서 필요한 것은 리더십, 전술, 업무 지식과 기술 같은 것이다.

체력의 과잉 담론은 여성이 도달할 수 없는 영역을 상정하며, 여성과 구별되고자 하는 남성성의 보루다. "군인이 남성이라고 생각했다면 군에 왔겠느냐"는 여성 장교들의 말에 귀 기울여보자. 지모의 말이다.

군인의 모습이라고 해서 그게 다 남자, 남성다움으로 다 표현되는 건 아닐 수 있어요. 어떻게 군인다운 게 남성다운 거예요?

여군들은 지모가 말하는 것처럼 군인성에 함유된 남성성을 제거하려 한다. 그러니까 군인의 보편성을 남성에 두고 가치를 부여하면서 그 기준으로 군인의 특성을 가늠하는 접근을 비판하는 것이다. 그들은 남성과 여성의 차이를 인정하되, 남성을 기준 삼아 여성의 몸을 결핍된 존재로 만드는 것이 아니라 남녀 각각의 차이들을 열거한다. 남성과 여성을 차이와 다름이라는 대립 구도에서 이해하지 않고, 개인의 차이로 말함으로써 남녀 '모두' 섹스화된sexed 몸임을 인정한다. 군이 말하는 평등과 다른 점이다. 여군들에게 '차이를 인정하는 평등'이란 여성을 전통적 성별 분업으로 환원하지 않는 '차이'이다.

안전하게 군인이 되는 법

'능력 있는 자기'는 자신에서 출발하지만 자신을 선행하는 사회적 규범 안에서 구성된다. 군에서 유용한 몸 담론은 젠더 권력에 따라 여성의 몸을 부적절한 몸으로 만든다. 그러니 여군들은 젠더가 개입되지 않는 '자기'를 추구한다. 여성과 남성을 따지지 않고 능력으로 평가받기를 원한다. 그러나 사회적으로 섹스화된 몸을 가진 여군에게는 '여성적인 것'이 달라붙어 동반한다. 이른바 '여성적인 것'과 보편적 군인을 구성하는 규범은 때로 충돌하므로 여군들은 그 사이에서 발생될 수 있는 위험을 관리해야 한다. 여군들에게 '여성적인 것'은 능력 있는 자기를 구성하는 과정에서 관리하고 경영해야 하는 것이다. 민하와 진옥, 효윤의 말을 들어보자.

전혀 남자들보다 내가 못하는 게 없다, 내가 내 능력을 인정 받을 수 있고 평가받을 수 있다 하고 막상 들어왔었는데, 들 어와서 고민을 많이 했었어요. 체력적인 문제는 다 극복할 수 있는 건데, 여기서 나 자체 나 그냥 민하로 평가받을 수 있는 게 아니라 여군, 항상 여자라는 꼬리표를 달고 평가받는다는 게 굉장히 부담스럽거든요.

내가 힘들다고 말하면 떨어지는 인간이라고 평가받을까 봐 말을 안 하죠. 똑같이 하려고 하고. 나를 그 부대에 왜 안 보 내줘? 나도 잘할 수 있는데라고 말하죠. 여군이라서 왜 차별 하느냐는 식으로 막 따졌거든요.

너는 너 하나의 몸이 아니다. 여군 전체를 대표하는 몸이고 그게 여군 전체에 피해를 입힐 수 있으니까 행동 잘해라. 이 렇게 되는 거죠.

국방부가 발행하는 성공사례집이나 군 홍보지에 재현된 여군들의 체험담에서도 여성성을 어떻게 관리하는가는 자기능력을 어떻게 개발하는지의 맥락에서 두루 등장한다.

젠더수행은 이러한 상황에서 자기를 스스로 통치하는 기술이자 '안전한 군인되기'를 위한 전략이다. '안전한 군인되기'란 여성과 군인이라는 이중적 규범을 최대한 모면함으로써 성차 담론의 함정에 빠지지 않은 채 군인으로서 능력을 인정받는 과정을 말한다. 말하자면, 안전한 군인되기를 위해 자기를 돌보고 관리해서 '여성' 군인으로 낙인되지 않는 군인되기다.

여군들의 군인되기는 단선적이거나 일회적이지 않다. 시간이 흐르는 가운데 군대 안팎의 공간에서 축적된 경험을 토대로 변화한다. 시간이 흐른다는 것은 여군들의 계급 진급과 일의 변화, 나이의 변화, 몸의 변화, 가족 구성의 변화가 일어남을 뜻한다. 이 과정에서 여군들의 군인되기는 여성에게 부착된 젠더 규범과 경합하며 모순과 분절의 경험 안에서 구성된다.

또한 군대 밖의 공간에서 여군들은 군인이 아니라 여성임을 증명하는 젠더수행을 한다. 특히 연애와 결혼을 통해 여성임을 확인하고 증명한다. 어떤 여군들은 초남성 공간에서 여성으로 주목받는 시선을 제거하고자 결혼을 선택하기도 한다. 그러나 임신과 출산, 육아 때문에 군인되기가 순탄하게 지속되지 못하는 또 다른 모순에 처한다.

필자가 만난 여군들은 군 복무 초기에 '여성적인 것'을 약화시키는 남성화 전략을 취했다. 남군을 흉내 내는 모방 유형이다. 그러나 조직 안에서 군인으로 인정받은 후에는 시간이 지남에 따라 점차 성차를 드러내지 않는 방식으로 젠더를 수행한다. 그 방식은 순응하거나 공모하거나 재편하거나, 아니면 이 세 가지가 순서를 달리하며 복합적으로 나타난다.

그런데 군인되기가 단순히 개별적인 여군의 행위만으로 이루어지는 것은 아니다. 군의 반복적인 규칙과 훈육을 통해 개인을 규율화하는 권력이 작동한다. 군이 강한 군인성을 지배적 규범으로 삼아 젠더 테크놀로지를 통해 통치하고, 이를 통해서 남성 중심적인 에토스를 군의 문화적 통치원리로 삼는다면, 여군들은 교육과 훈련, 제도, 정책적 실행, 담론 등을 통해 군의 통치규범을 자기통치로 삼아 스스로의 활동으로 강한 군인됨을 추구한다. 이러한 방식으로 군인되기를 이끄는 것은, 자기관리 방식을 규정하는 군의 지배통치 전략과 조응한다.

그러니 여군들은 단순히 외부적 권력에 의해 군인으로 주조되는 것도 아니고, 자율적 책임을 가진 개인 주체들이

자유의지대로 주체화하는 것만도 아닌, 권력 안에서 주체로 구성하는 능동적 주체라고 볼 수 있다. 그래서 여군의 군인되기는 군의 통치담론으로부터 제한적 영향을 받으면서도 스스로의 활동을 통해 기쁨과 보람, 제한적 권력을 성취하는 과정이다.

그렇다면 젠더수행 전략은 어떤 효과를 낼까? 특히 여군의 남성성 행하기는 무엇을 뜻할까?[25]

여군들의 남성성 행하기는 똑같이 따라하는 일종의 모방이다. 군사적 남성성 담론을 규범으로 삼아 남성성을 행한다. 군복을 입고 굵고 낮은 목소리를 내며 절도 있는 몸동작을 하는 흉내 내기다. 그러한 남성성 행하기는 남성이 필연적으로 남성성을 '가지고' 있고, 그래서 군인이 될 소양이 충분하다고 말할 근거를 잃게 만든다. 행위자의 몸과 젠더는 본질적으로 일치하지 않으며 남성성은 남성들만의 것이 아님을 보여준다. 주디스 버틀러Judith Butler의 논지에 따르면 남장 행위나 여장 행위와 같은 패러디적 수행은 젠더가 우연이고 원본이 없는 모방이라는 것을 드러낸다.[26] 그러니 젠더에 기댄 군의 통치규범은 절대적이거나 안정적이지 않다.

그러나 한편으로 반복적인 모방 행위가 군의 통치규범

을 전복하지는 않는다. 오히려 남성화된 군 체제의 권위를 강화한다. 여군들이 남성성을 반복적으로 수행하면 남성성은 군의 운영원리로 권위를 지니며, 군의 통치규범으로서 그 위상을 보존하는 효과를 낸다.

게다가 여군들의 남성성 행하기는 여성이 남성의 세계에 침입해 위협을 주는 것이므로 재조정된다. 군의 통치규범은 젠더를 통해 여군들을 여성성 규범에 맞게 다시 조율한다. 군은 여군을 "친누나 같은 소대장"으로 호명하거나, "여성 특유의 섬세함"을 전문성으로 특화시키는 것이다. 비록 여군들은 군사훈련을 받는 동안 '여성'이 아닌 '군인'이 되라고 교육받지만, 동시에 여성성을 행하도록 요구받는다. 그래서 여성들은 남군과 다른 군인으로서 '여성' 군인이 된다. 여군들은 여성성을 삭제하는 지점에서 군인이 되면서도 여성 규범에서 자유롭지 못한 것이다.

신자유주의 시대, 여군되기

여성들의 군인되기는 군의 통치담론에 조응하며 군 구조를 유지시킨다. 그러나 그 과정에서 여군들의 '능력 있는 자기' 계발은 남성과의 관계에서 구성되는 여성과는 다른 여성을 주조한다. 군복을 입고 남성처럼 수행하면서, 그리고 군사훈련을 통해 몸 체험과 활동을 거치면서 여성의 몸은 다르게 구성된다. 그래서 여성 군인의 수행은 전통적인 젠더 규범에 문제를 일으킨다. 군의 남성 중심성을 노출시키고 젠더 권력을 드러나게 한다.

여성에게 사관학교가 개방된 1990년대 말을 거쳐 2000년대 중반에 임관한 여군들에게 이 기운은 강했다. 초남성 공간에서 '능력 있는 자기'를 군인으로 주조하면서 던지게 된 '자기'에 대한 물음은 '여성'을 발견하는 과정이었다. 자연스럽게 여성학 공부에 이르고 페미니즘을 만난 여군들도 꽤 있었다. 초남성 공간을 움직이는 남성 중심성에 대한 저항감과 변화 의지도 컸다. 여군들은 전통적인 젠더 규범을 위반할 수 있는 초남성 공간에서 성차를 근거로 '여성' 군인이 되는 상황을 만들지 않으려 고군분투했다. 그러나 여군들은 군인과 여성 둘 다로 호명되어 그 간극에서 나타나는 차별이나 혜택을 받았다. 여군들은 이 상황을 직면하며 성차를 드러내지 않는 방식으로 탈젠더화된 군인을 추구하려 했다.

그런데 2000년대 후반 이후 군에 진입한 여군들은 사뭇 다른 양상을 보인다. 그들은 여성과 군인의 간극에서 발생할 법한 갈등과 모순을 드러내기보다 '여성적인 것'을 긍정적으로 관리하고 경영하는 경향이 짙다. 혼선과 논란을 지나 여군의 정책 방향이 안정에 들어선 시기와도 맞물린다. 다혜와 예연은 말한다.

초반에는 남성적인 부분 보여줄 수 있다고 생각해요. 근데 계급이 올라가면, 제 개인적으로는 여성성을 적극 활용해서 군 생활을 하려고 하고 있어요. 여성성이라는 것은 뭐 정말 교태를 부린다 이런 게 아니고, 부드러운 리더십, …… 사람들 사이의 분위기를 좋게 만드는 거죠. 부대에서 중요한 것은 긍정적으로 활력이 넘치는 게 중요하잖아요. 정말 희소가치를 가지고 사용할 수 있는 여군의 무기라고 생각을 해요. (웃음) 물론 내 업무 능력이 신뢰가 있을 때 가능하죠. 그러면 지휘관이 회의에 같이 들어가자고 하고. 이런 식으로 필요한 사람이 되는 거죠.

기본적인 차이는 있는 거잖아요. 사회적으로 문화적으로 길러져온 모습들이 다르고, 여성이 더 섬세하다라는 것들이나 그런 여성의 특유의 성향? 특성? 이런 남성의 특성, 이런 것

들이 이분법적인 사고가 아니라, 어쨌든 그런 모습이 있기 때문에. 그러면 만약에 그런 걸 다 무시하면 여군은 군에서 필요 없는 존재예요. …… 모든 조건을 똑같이 해야 되는가. 그렇다면 그런 사람을 왜 군대에 들여보내지? 기본 차이가 있으면 어쨌든 활용할 수 있는 범위가 다르니까. 다르게 활용하면 되는 거고.

예연만이 아니라 필자가 만난 여군 대부분은 여성성이 고정관념이고 여성을 취약하게 만들 수 있음을 안다. 그러나 여군들은 남군과 똑같이 할 수 없을 뿐 아니라 여성성을 사회적으로 삭제할 수 있는 것도 아니니, 비록 고정관념이라고 해도 '좋은' 여성성은 활용할 가치가 있다고 피력한다. 여성성은 초남성 공간에 변화를 가져오는 아이콘이고, 성공을 위한 자기전략이자, 새로운 리더십을 구성하는 가치라는 것이다. 그러니까 여군들에게 여성성은 주어진 것이 아니라 능력 있는 자기를 계발하기 위한 활용 수단인 것이다.

여군들의 자기관리는 군의 우수인력담론과도 조응한다. 군은 근대적인 군인상에 적중하지 않는 '여성성'을 부정하고 삭제하기보다는 군 개혁과 미래의 전장에 요청되는 요소로 변용한다. 여군들은 이러한 군의 통치 방식에 조응해 '여성성'을 공적 영역의 자산적 가치로 바꾼다. 이른바 부 드러움과 섬세함을 따뜻한 카리스마로 융합하거나, 모성의 특성을 좋은 여성성으로 활용한다. 더 적극적으로는 여군 정책의 전문가로서 자신을 기획한다. 양성평등정책이 자리 를 잡아가는 터전에서 여군들은 여군 관리 시스템을 활용 해 젠더 분야를 자신의 전문 영역으로 발견하기 시작한 것 이다. 젠더 공부가 자기능력계발의 하나가 되기도 한다.

전통적으로 여성성은 결혼을 통해 성공을 보장받거나, 성적 대상이 되거나, 남성에 의존해 생존을 보장받는 수단 을 뜻했다. 그러나 이제 여성성은 성공하기 위해 자아를 통치하는 방식으로 재편된다. 남성을 경유해 사회적 관계 를 취하는 전통적 여성성과는 다르다. 주체적이고 독립적 이며 능력 있는 여성이자, 자아를 스스로 돌보는 유형이 다.[27] 여성의 몸과 성적 아름다움을 매력이나 자산으로 만 드는 자기돌봄적 수행이다. 이러한 신자유주의적 여성성 은 1990년대 말부터 영화나 드라마에서 재현된 여성상으 로 주목받았다.[28] 야엘 셔먼Yael A. Sherman은 미디어에서 재현 되는 여성 주체들의 새로운 행태를 '신자유주의 여성성'으 로 부르며, 포스트페미니즘의 특징으로 분석한다. 여기서

'포스트페미니즘'이란 페미니즘을 차용하나, 페미니즘을 훼손하거나 소비하는 복합적인 현상을 일컫는다.

물론 여군들의 군인되기는 미디어에서 재현된 여성들처럼 외모 가꾸기나 성적 매력과 같은 섹슈얼리티 차원에서 부상되지는 않는다. 하지만 여군들은 군인되기에서 '여성성'을 자기기획이자 경쟁력으로 재활용한다. '여성적인 것'을 억압하거나 제한하지 않고, 오히려 성공을 위해 활용 가능한 요소로 바꾸는 것이다. 군인과 여성 범주가 충돌하는 지점에서 '여성' 군인이 되는 여군들은 여성에게 부여된 전통적 규범에 도전하는 한편, 군인과 여성 범주가 어긋나는 지점에서 여성성을 자기계발의 전략이자 자기긍정적인 자원으로 전환한다.

이는 초남성 공간에서 능력 있는 여성으로 자기를 기획하는 여성들의 행위양식이다. 전통적 여성성이 양성평등 정책과 신자유주의를 만나 재구성되는 지점이다. 여기서 여성성은 국가주의 안에서 능력으로 재조정된다. 최근 여군들은 이 매뉴얼에 따라 '여군'을 정의하고 행하는 경향이 높아졌다.

그런데 여군들의 '능력 있는 자기' 구성이 오직 자기이익을 확대하는 의미로만 모아지는 것은 아니다. 그들은 군

의 존재성을 전쟁억지론에 두는 현실주의자들의 논거를
바탕으로, 군사노동의 궁극적 목적을 국가 보위와 평화 유
지에 두면서 자신의 군사노동을 '봉사'로 표현한다. 능력
있는 자기실현은 국가주의 안에서 공공의 의미를 획득하
는 것이다. 그러니 여군들의 능력 있는 자기 구성은 신자
유주의의 시장 원리에 전거를 두지만, 동시에 국가주의의
영향 안에서 발현된다고 할 수 있다. 이러한 경향은, 신자
유주의가 작지만 강한 군대로 군을 변형하며 군 복무와 시
민권의 연결성을 약화시키는 세계적 추세와 달리, 여전히
남성만의 병역의무제를 유지하면서 어느 분야보다 매우
약한 신자유주의적 시장화를 꾀하는[29] 한국군의 성격과 무
관하지 않다.

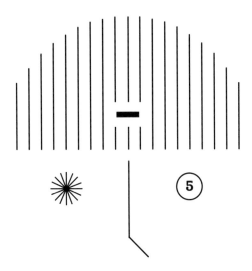

**성평등은 만능키가
될 수 있을까**

성평등이라는 프레임

여성들이 군대에 가면 성평등해질까? 서구 페미니스트들 사이에서 꽤 회자된 물음이다. 군대가 국가와 국민되기, 그리고 시민권과 연관되어 사유되는 만큼, 여성의 군 참여 는 민주주의 사회에서 성평등을 성취하는 요소로 여겨져 온 까닭이 크다. 남성과 동등한 시민의 지위를 쟁취하는 한 방법으로 자유주의 페미니스트들은 여성의 군 복무를 적극적으로 검토했다.

이를테면 미국의 전국여성단체National Organization of Women 는 1980년대 초, 남성만의 징병등록제가 사회적으로 거론 될 때, 징병제를 실시해야 한다면 여성도 동일하게 징병되 어야 한다는 입장을 내놓았다. 남녀 구별 없이 숙련된 자원이 국방에 참여해야 하고, 기회의 평등은 여성들에게도 제공되어야 하며, 시민권이 임의적으로 제한되면 안 된다는 이유에서였다.[1] 그리고 성평등주의자들은 여성이 군에 온전히 통합될 수 있는 제도와 군 문화를 논하고 주장했다. 여성 징병등록제는 아직 미국 의회를 통과하지 못했지만, 정치적 어젠다의 벽장에 봉인되어 있다.[2] 언제든지 그 벽장문은 열릴 수 있다.

그런데 서구 국가에서 병역제도가 징병제에서 지원제로 변화하면서 여군이 증가되었다는 보고는[3] 꽤 의미심장하다. 이제 군 복무는 시민권을 수행하면서 국민의 지위를 확보한다는 의미보다 전문직업이라는 의미가 더 크다. 그 뿐 아니라 군사 활동에서 여성인력의 활용 가치가 그만큼 높아졌다는 뜻이다. 남성이 떠난 자리에, 혹은 부재한 곳에 여성의 진입이 시작된 것은 성평등의 성취가 아니라 인력 활용의 측면이 크다. 전화기가 발명되고 전화 산업이 일어난 즈음, 전화교환수는 주로 남성이었다. 그러나 남성보다 임금이 낮았던 여성들이 점차 그 자리를 대신했고, 전화교환이라는 일은 '상냥하고 친절한' 여성에게 적합한 일이라는 '이유'가 생성되었다.[4] 노동의 역사가 그랬다.

하지만 초남성 공간에서 여성의 진출은 성평등의 언설

이 따라다녔다. 한국 사회의 여성 징집 논의도 성평등 프레임에서 설왕설래했다. "여자도 군대 가라"는 발화와 이에 대한 응답들은 성평등이라는 의제에 맞추어 조성되었다.

동등한 의무를 지어야 동등한 권리를 가지는 것입니다.

남성이 오랜 기간 폭력을 독점해왔고, 항상 정치의 전면에 나섰고, 권력과 지위를 독점해왔습니다. 여성 징병은 이러한 폭력의 독점을 깨는 중요한 시작점이며, 성평등을 위한 중요한 도전입니다.[5]

청와대 국민청원 게시판에 올라온 청원 내용의 일부다. 여성들이 평등한 권리를 주장하려면 여성 징병이 제도화되어야 한다는 주장이다. 헌법재판소에 위헌 청구 소송을 제기한 남성들도 평등권을 그 근거로 내세웠다. 사실, 여성의 군 참여가 '성평등'으로 틀 지어진 것은 여군인력활용확대 정책을 시행한 국방부의 홍보 덕이 크다. 국방부는 남성의 영역인 군대에 여성이 진입하는 것은 곧 남녀평등을 성취하는 것으로 선전했다. 여기서 성평등은 남성과 동일한 참여이다.

그런데 여성의 군 참여가 성평등의 실현을 위해서만 실행되는 것은 아니다. 국방부가 지원제로서 여군의 비율을 확대한 것은 우수 인력을 활용하려는 여성 정책에서 비롯되었다. 최근에는 군인 인구가 감소해 대체할 인력이 필요하다는 취지에서 여군 증가를 논한다. 인구수가 급감하는 저출산 사회인 한국은 2025년에 군인 수의 현격한 저하에 직면할 예정인데, 여성 징병은 그 대안으로 거론된다. 인구 저하의 위기 앞에서 군 전문가들은 병역제도가 변화해야 한다고 진단하기 시작했다.

2019년 더불어민주당의 민주연구원은 이 상황을 타개하는 안으로 모병제 도입을 제안했고, 이를 둘러싼 언론의 취재와 찬반 이견은 계속되었다.[6] 군인 수가 30만 명이면 충분하다는 안은 이미 1990년대부터 주창되었다.[7] 그때와 다른 점이 있다면, 지금은 모병제가 되든 징병제가 되든 여성은 주요한 국가 인력 자원으로 포착되고, 남성을 대신하는 대체 인력으로서 군인의 자리에 적극적으로 놓인다는 점이다. 사회적으로 여성을 바라보는 인식이 달라졌다.

이 과정에서 여성의 군 참여는 '성평등' 프레임 안에서 논박되고 성평등을 가늠하는 척도가 되었다. 언론도 이에 가세한다. 여성들에게 금녀의 공간은 없다며 여풍을 몰고

온 여성 군인의 행보를 양성평등의 실현으로 재현한다. 여성 징병 논란은 이러한 성평등 프레임 안에서 그 여부를 묻는, 혹은 가능성을 묻는 찬반 논쟁으로 축소된 느낌이 짙다. 여성이 군대에 가면 성평등 실현에 이로울까 아닐까 라는 물음 안에서 우리가 던질 수 있는 다른 물음들은 지워진다.

여성의 군 참여 논쟁은 과연 성평등론만으로 수렴되어도 충분한가? 여성이 군대에 가면 성평등이 실현되는가? 좀 다르게 접근을 해보자. 여성이든 남성이든, 누가 되든 군대는 진짜 갈 만한 곳인가? 전쟁 준비와 군사 활동은 할 만한 것인가? 군대와 군사안보, 국가를 서로 연계 짓는 사유 틀을 좀 다르게 숙고할 여지는 전혀 없을까?

여성이 군에 가면 무엇이 변할까

여성이 군에 가면 무엇이 변할까? 여성징병제가 실시되면 최소한 전쟁은 남성의 일이라고 말하지 못할 것이다. '널 지켜줄게'라는 보호가 남성을 완성케 하는 남성성의 특성이자 역할로 독점될 수도 없을 것이다. 우선 군가를 모두

개사해야 할 판국이 도래한다. 한결같이 '멋진 사나이'를 외치는 그 집단적 그림을 다시 그려야 할지도 모른다. 아니면 사나이라는 말 자체가 효용성을 잃을지도 모르겠다. 보호와 피보호의 경계가 젠더를 따라 뚜렷이 구별될 수 없고, 여성은 보호받아야 할 약한 여자로 더 이상 호명되지 않을 것이다.

　노동 부문은 어떨까? 성평등주의자들은 여성이 군대에 가면 여성 고용률이 증대할 것이라고 관측했다. 여성 ROTC 제도가 신설될 때도 고용 불안이 해소되리라는 전망이 잇달았다. 지원제 사회에서는 여성 군인의 채용 자체가 고용 창출이고, 군 복무 경험자를 우대하는 기업들의 특별 채용은 여성들의 고용 정도를 확장시킨다.[8] 이스라엘의 여군 연구자인 오르나 사손－레비Orna Sasson-Levy는 여성들의 군 복무가 정치나 노동 분야에서 여성의 능력을 높이 인정하는 경력이 된다고 본다. 여성징병제는 여성들이 정치나 기업에 진출하는 데 플러스 요소가 된다는 것이다.[9]

　그 외에도 찬성론자들은 여성들이 방어 기술을 배우거나 화생방으로부터 자신을 보호할 수 있다고 말한다. 전쟁이 났을 때 최소한 총을 쏠 줄은 안다는 것이다. 몸을 건강하게 만들고 단련시킬 수 있는 기회가 된다고도 한다.

그러나 이것만으로 충분한가? 냉정하게 본다면 지금까지 나열한 이야기들은 꼭 '군대'에 가야만 이룰 수 있는 일들은 아니다. 고용 문제는 군대가 아니라 노동시장에서 풀면 되고, 몸 단련이나 자기방어 기술은 피트니스 또는 단체의 호신술 프로그램에서 충분히 습득될 수 있다. 반드시 군대의 군사훈련을 거쳐야만 도달할 수 있는 고유의 것은 아니다. 무기를 잘 다루고 그 위험으로부터 적절히 자신을 보호할 기술도 징병을 통해 군에서 배워야 하는 것만도 아니다.

그런데 우리 몸은 어떤 것을 사유할 때 군대와 군사안보, 국가를 의심 없이 경유하도록 프로그램화되어 있다. 군대는 당연히 가야 하고 군사안보는 국가 존립을 위해 본래부터 있었던 것처럼 말이다. 하지만 국가권력을 수행하는 군대를 토대로 근대국가가 구성되었다는 역사 과정을 조금만 떠올려본다면, 국가안보가 반드시 군사안보여야하는 것도, 국민되기가 반드시 군인의 몸으로 통과되어야 하는 것도 아니다.

더욱이 그동안 국가의 온전한 구성원이 되지 못한 여성들은, 동등한 구성원으로 인정받는 길로써 시민권 쟁취에 주력했다. 그 길은 자연스럽게 국가의 군사안보 틀에서 시민권을 수행하는 길과 통했다. 군사안보와 결합된 시민권을 비판적으로 살피고 좀 다른 국민되기의 양식을 빚어내는 길보다 쉬웠다.

하지만 여성이 남성과 동등한 국민이 되기 위해 군대에 간다는 것은, 가부장이 지은 국가와 군사의 집에서 그 규칙을 따르는 것과 같다. 시민권 자체를 검토하기보다 국가의 군사안보 틀 안에서 온전한 시민권을 쟁취하려 하니 여성 징병 논의는 성평등 논쟁으로 납작해졌다. 여성 징병 논의가 성평등 프레임으로 들어가면서 군에 참여할 것이냐 아니냐의 논쟁으로 축소된 것이다.

이럴 때 여성들은 딜레마에 빠지기 쉽다. 여성들은 '남성과 같은가 혹은 다른가'라는 시험에 시달리면서 남성과 같은 능력이 있음을 증명해 보여야 한다. 이성애주의를 바탕으로 한 남성 중심 판에서 때로는 과잉 노동에 과로사하거나, 보호받는 군인이 되거나, 동료 군인에게 민폐를 끼치는, 혹은 남군들을 위험에 빠트리는 군인으로 취급받기도 한다. 이 딜레마에서 여군들이 곧잘 내세우는 해결책은 여군을 '여성'으로 보지 말고 '남성'과 똑같이 대해달라는 요구다. '똑같이'(동일함)는 곧 '평등'으로 읽힌다. 여군들은 차이의 존중을 혜택으로 보는 시선을 지우고 '골칫덩

이'(여성성)를 해소하는 방식으로 남성과의 동일함을 내세운다. 그래서 남성을 보편적 기준으로 놓는 이성애 남성 중심 판이 지속되고, 그 판에서 '여성' 군인들은 죽을힘을 다해 일을 하거나 무력해진다. 이 '똑같이'(동일함)는 "여자도 군대 가라"라는 언설을 지탱하는 논리이기도 하다.

그 판을 좀 더 들여다보자. 군 복무가 시민권과 연결되면 병역은 정치적 시민권의 행사가 되며, 온전한 국민되기는 군 복무를 통해 수행된다. 여기서 군 복무를 면제받는 여성과 성 소수자는 국민으로 인정받기 위해 군대 제도 안으로 들어가거나, 아니면 주변화되거나, 또는 군사주의의 바깥을 상상하는 위치에 놓인다. 그리고 국민으로 인정받기 위해 군대 제도 안으로 '안전하게' 혹은 '평등하게' 들어가는 방법을 간구하고 요구하는 입장이 된다.

하지만 시민권을 시민의 역량과 권리의 차원으로 접근하면서 군 복무를 대체할 무엇을 상상한다면 선택지는 확장될 것이다. 프란신 다미코Francine D'Amico는 시민권을 군 복무와 분리하면서 국가-시민의 구도가 아닌 사회공동체-시민의 관계로 시민권 개념을 전환시킨다. 그래서 차이와 다양성을 포괄하는 시민권 개념을 궁리한다.[10] 이는 글로컬glocal 시대의 다문화 사회에서 재편되는 시민권 개념의 확장 논의와도 궤를 같이한다.

성평등만으로 충분한가

자유주의 페미니스트들의 행보는 성평등한 국민이 되는 방법을 군사안보 '참여'에 둠으로써 국가이익을 우선으로 선택하는 결과를 낳았다. 그들이 말하는 평화는 군사안보를 바탕으로 한 국가 간 힘의 균형이라는 현실주의 논리에 의존한다. 그들은 여성의 군 참여가 민주주의를 강화하리라 믿는다. 독재국가들의 민주주의를 확장시키는 요소도 되리라 본다. 마사 누스바움Martha Nussbaum은 이러한 뜻에서 타국에 대한 미국의 외교 개입이 여성의 권리를 보장한다고 주장한다. 정치 과정에서 여성을 완전히 배제하는 일은 어떤 식으로든 경제적 제재나 강압을 가해야 할 윤리적 사건이라고 말하면서 말이다.[11] 이때 페미니즘은 제국적 페미니즘으로서의 위상을 갖는다.

여군의 증가는 세계적으로 인권의식이 향상되고 인도주의 외교 정책을 펼치는 시대를 배경으로 한다. 하지만 인도주의 정책이 미국의 제국적 위상을 재구축한다는 분석에[12] 귀 기울인다면, 여군의 군 참여가 단순히 성평등 프레임 안에서만 볼 문제는 아님을 알아차리게 된다.

테러리즘과의 전쟁에 참여한 미국 여군은 민주적이고 성평등한 미국의 국가 정체성을 재현했다. 미국 정부는 여성 군인의 비율을 증대하고 여군을 무력분쟁에 파견하면서 그런 정책을 시행하지 않는 이슬람 국가들과 대조되었다. 이를 통해 미국은 마치 성평등한 국가처럼 자기 이미지를 구축했다.

그뿐 아니라 테러리즘과의 전쟁은 페미니즘의 메시지를 차용했다. 2002년 3월 8일 국제여성의 날에 당시 조지 부시 미국 대통령의 아내 로라 부시Laura Bush는 유엔 여성지위위원회에서 여성의 지위와 권리 문제를 테러리즘과 연계해 연설했다. 이처럼 테러리즘과의 전쟁은 이슬람 근본주의 독재정권으로부터 여성들을 해방시키기 위한 것이라며 여성 인권을 내세웠다. 미국이 탈레반 정권을 몰아내고 아프가니스탄의 수도 카불을 한 달 만에 점령했을 때, 언론은 여성들의 히잡이 하늘로 던져지는 사진을 대서특필했다. 페미니스트 머조리티Feminist Majority와 같은 미국 여성단체는 탈레반 정권하에서 여성들이 겪는 열악한 상황을 세계적으로 알리며 아프간 여성들에 대한 지원을 호소했다.

하지만 여성 인권은 미국의 정치적 이익을 넘어서는 초국가적 의제가 되지 못한 채, 아프가니스탄과 이라크 침공을 정당화하는 구실로 쓰였다. 미국의 자유주의 페미니스트들은 여성 인권을 명분으로 실행된 테러리즘과의 전쟁을 지지함으로써 이슬람 국가들을 인권 지향적인 미국 문명의 대척점에, 야만적이고 비민주적이며 폭력적인 곳에 놓는 효과를 냈다.[13] 서구와 비서구의 대조된 관계에서 새롭게 재편되는 식민화에는 오용된 페미니즘과 성평등의 수사가 있다.

질라 아이젠슈타인Zillah Eisenstein은 제국적 민주주의가 젠더 유연성과 인종 다양성을 사용하면서 자신의 정체를 감춘다고 말한다. 여성들이 군사와 안보, 정치 분야로 진출하면서 이는 성평등이 성취되고 민주주의가 실현된 듯한 자태로 나타난다. 그리고 그 자태는 민주주의를 글로벌하게 확장시키는 제국의 면모를 띤다. 여성과 유색인종을 제국적 민주주의의 바람잡이decoy로 내세우면서 말이다.[14]

여성 군인의 활약이 제국적 면모를 위장한다는 통찰은 일본 자위대의 여군 역할을 분석한 사토 후미카佐藤文香와 유병완의 연구에서도 나타난다. 그들은 일본 자위대가 여군의 여성적 돌봄의 이미지를 자신의 이미지로 구축한다고 분석한다. 여군이 시민들과의 친밀성을 높이며 글로벌한 평화를 지속시키는 리더로 재현되면서, 이러한 이미지는 일본 자위대의 형상으로 전치된다. 그래서 자위대의 강한 군사력과 군사적 확장, 군대 임무 수행력은 보이지 않고, 시민을 돌보는 이미지가 자위대의 역할로 위장된다는 것이다. 결국 자위대에 여성을 통합하는 성 주류화 정책은 여성의 수가 적다는 점에만 집중하게 하고, 전쟁과 군대의 확장에 관한 질문은 잊게 만드는 효과를 낸다.[15]

그런데 여성 군인의 자리는 꽤 복잡한 정치경제적 흐름 속에서 만들어진다. 여성 군인은 성 주류화 정책에 따라 성평등의 아이콘이 되면서도, 한편으론 배제되는 모순에 놓인다. 탈냉전과 신자유주의 시대에 진척되는 군의 민영화는, 여성 군인보다 값싼 노동력인 이주민이나 아시아 국가 출신 남성을 더 선호한다. 효율성과 비용 절감의 차원이다. 그리고 미국은 전투 중심의 군사 활동에 집중하는 반면, 전투지원 업무를 민간 군사기업에 아웃소싱한다. 이러한 전략은 전투업무와 비전투업무를 위계화하면서 젠더화된 인종화를 가져온다. 전투업무는 전문적 기술 능력으로 고양되고 주로 백인 남성들을 중심으로 강한 남성성을 동반한다. 반면 비전투업무는 주로 이주노동자들이나 아

시아 국가 출신의 남성들로 채워지면서 여성화된다. 이렇
듯 군의 민영화는 성별화된 분업이자, 식민화된 관계를 새
로이 재편하는 방식으로 진행된다.[16]

이 가운데 여성 군인의 자리는 역설적으로 좁아진다. 사
스키아 스타쇼비치Saskia Stachowitsch는 이를 묵과하는 미국 정
부의 이중성을 비판한다. 미국은 여성을 정규군에 고용하
고 전투업무 제한을 폐지하는 등 성평등 정책을 내세우면
서도, 민간 군사기업이 여성들을 배제하는 행태에 관해서
묵인하거나 촉진하기 때문이다.[17]

글로컬 사회에서 한국은 어디쯤 있을까? 김영삼 전 대
통령은 미국에서 해군 여군들이 남군들과 똑같이 일하는
모습을 보고 한국도 해군사관학교에서 여자 생도를 허하
라는 정책을 결단했다.[18] 여군 증대와 활용은 이른바 선진
적이고 민주적인 국가의 상징이자 지표가 된 것이다. 한국
의 여군인력활용확대 정책은 글로벌한 성 주류화 정책과
대통령의 공약을 실현하려는 추진력, 그리고 신자유주의
시대의 여성인력 정책이 얽힌 기획임을 다시 짚게 된다.

여군이 늘어나면 생기는 일

여성들이 군사 영역에 참여하면서 젠더 정치는 복잡해졌다. 여성을 전쟁의 피해자이자 안보의 피보호자라고만 말할 수 없다. 여성들은 남성들처럼 무엇이든 할 수 있다며 군사적 행보에 가담한다. 더욱이 국가의 이익을 위해, 혹은 민족적 애국심으로 여성들의 군사 활동은 장려된다. 특히 동등한 국민의 자격을 얻는 길이라면 여성들에게는 더할 나위가 없는 일일 것이다. 그래서 여성들의 군사 활동은 세계적으로 민주주의가 성취된 하나의 상징이자 수사가 된다.

최근 세계적으로 국방, 정치, 외교 분야에 여성의 참여가 증가했다. 특히 독일, 네덜란드, 프랑스, 스페인, 이탈리아는 국방부 장관직에 여성들을 임명한 적이 있다. 여성들이 국방부 장관을 역임하는 현상에서 우리는 무엇을 감지할 수 있을까? 한 연구소는 여러 요인들의 상관관계를 분석한 뒤 이는 군사화가 덜된 민주주의 국가에서 나타나는 현상임을 밝혔다.[19] 군 장성 출신 남성들만이 국방부 장관에 임명된 한국 사회에서는 상상하기 쉽지 않다. 서구 사회에서 여성 군인들의 증가 역시 주목받는 현상이다. 여성 군인의 수가 증가하고 여성들이 평화유지군에 참여하는 배경에는 유엔의 성 주류화 정책과 유엔 안전보장이사회 제1325호 결의안의 시행이 있다. 물론 여성이 참여하면 안보와 군대 영역에서도 변화가 일어날 것이라는 기대가 내재해 있다.

그러나 2001년 9·11 테러 이후 지속된 테러리즘과의 전쟁을 지켜본 여성들은 이렇게 말한다. "가부장적인 전쟁 괴물에 왜 여성들이 개입해야 하는가? 지금 우리가 원하는 것은 '지아이 제인G.I. Jane'과 같은 전투에 능한 여성 군인이 아니라 공격과 살상, 전쟁 없는 세상이다." 그리고 이것이 페미니즘 가치라고 주장한다.[20] 탈군사화 페미니스트들은 여성 군인의 증가가 전쟁 훈련을 합리화하면서 전쟁도 할 만한 것이라고 여기게 만들지 않을까 우려한다. 그뿐 아니라 군대의 남성 중심성에 변화가 오지 않으면 여성들은 군에서 차별받기 쉽다고 주장한다.

하지만 여성이 군에 가면 반드시 부정적인 일들만 일어나는 것은 아니다. 성평등에만 주안점을 두고 본다면, 여성들이 집 밖으로 나와 군사 활동을 한다는 것 자체가 뜻깊다. 여성들이 금지의 관례를 깨고 어디든 참여할 수 있고, 허용되지 않았던 몸의 움직임을 통해 자신의 공간을 확장시키는 일은 여성들에게 기회의 문을 열어주며, 다른 몸을 구성하는 순간이다. 여성의 몸은 '계집애들 공 던지기'[21]를 할 때처럼 소극적이고 수동적인 몸이 더 이상 아니다. 총을 쏘고 뛰고 누군가를 제압하며 공간을 압도하는 몸은 전통적인 여성의 몸과는 다르다. 여성들에게 임파워먼트empowerment(힘주기)는 여성들 스스로 자신의 공간을 갖고 능력을 발휘하며 여성 주체를 만들어가는 과정이다.

여성이 군에 가는 일은 분명 여성을 임파워링empowering한다. 군대는 여성에게 도전과 모험의 기회를 준다. 심지어 무슨 일이든 해낼 수 있는 자력 키우기의 공간이 된다. 초남성 공간에서 여성 군인은 그 존재만으로 이성애 남성 중심 군대의 민낯을 드러내고,[22] 최소한이나마 차별 없는 군을 만들도록 각성시킨다.

그런데 과연 여성들의 임파워먼트만으로 성평등이 이루어질까? 능력 있는 여성, 그것만으로 충분할까? 여성 군인이 증가하면 군 조직에 변화가 올까?

여성들이 군에 참여한다고 해서 그 자체가 군을 변화시키지는 않는다. 여성 군인이 된다는 것은 남성 중심적인 군 조직에 종속되는 일이기도 하다. 소수자로서 생존하기 위해, 그리고 군인으로 인정받기 위해 여성 군인은 조직의 규칙에 순응하고 협상한다. 때로 '여성' 군인의 존재가 남성 중심성에 어긋나면서 균열을 낸다 해도, 군의 규칙에 따라 이루어지는 반복적인 젠더수행은 남성 중심적인 군 구조를 지속시킨다.

여군 연구자들은 다들 유사한 결론을 낸다. 제니퍼 실바Jeniffer Silva가 미국 ROTC 여성 대학생들과 진행한 심층면접 결과에 따르면,[23] 여성들은 군대의 지배적인 문화에 도전하기보다 남성화된 군 문화와 여성성을 조화시키려 한다. 그들은 자신의 여성성을 억압하거나 혹은 엄마 노릇으로 확장해 군대를 가족처럼 돌보려 한다는 것이다. 이스라엘의 여군도 별반 다르지 않은 태도를 보인다. 남성 중심적인 군에서 여성 군인들은 보수적인 전략을 택한다. 미국 여성들과 달리 이스라엘 여군들은 남성화된 젠더수행을 한다. 사쏜-레비에 따르면, 이스라엘 여군들은 남성화된 태도와 유머를 사용하면서 군대 내 성희롱에 관해서는 외면한다.

영국 여군을 연구한 레이철 우드워드Rachel Woodward와 트리시 윈터Trish Winter도 남성화된 여군들을 주목한다.[24] 포르투갈과 네덜란드 여군들의 군 통합을 연구한 헬레나 카라이러스는 대다수의 여성 군인들이 여군 집단과 거리를 두

182

면서 성차별을 문제화하지 않고 군대에 순응한다는 점을 관찰한다.[25] 여군들은 대체적으로 군 문화에 맞추어 행동하는 것이 낫다고 여긴다. 소수자인 여군들이 군인으로서 능력을 발휘하고 인정받는 과정은 곧 조직의 원리와 궤를 같이해야 하는 일이기 때문이다.

한국의 여군 장교는 어떠한가? 4장에서 살펴봤듯이, 한국 여군들은 안전한 군인되기를 행하기 위해 젠더수행 전략을 취한다. 초급 장교 시절에는 군인으로 인정받기 위해 남성성의 젠더수행을 하지만, 시간이 지날수록 성차를 가급적 드러내지 않는 방식으로 군인되기를 수행한다.

이렇게 보면 군은 남성 중심성이 변화하지 않을 정도로만 여성 군인을 받아들이는 게 아닐까라는 생각에 이른다.[26] 군은 현재 여군의 비율을 쿼터제로 구성해 일정 정도의 적은 수를 유지하고, 여군들의 군 업무를 개인 능력이 아니라 젠더에 따라 배당한다. 더욱이 전투는 남성의 것으로 고유하게 남겨두어 남성성을 핵심적으로 보존한다. 이러한 문화 구조에서 여군들은 군의 소수자이므로 혜택을 받기도 하지만, 군인으로 인정받고자 남성 중심의 군 문화에 맞춰 자신을 조율하는 경향이 크다.

남성 군인의 편에서도 마찬가지다. 남성 군인이 여성 군인과 함께 일하면 여성에 대한 편견이 사라지고 남성 중심성이 약화되리라 예상되지만 반드시 그렇지만은 않다. 여성들과 일하는 경험이 쌓이면 편견은 약해지지만, 이 약화가 젠더 구조를 변화시키는 힘으로 확장되지는 못한다. 편견의 약화는 개인의 생각에 머무는 것이다.

그러나 한편으로, 군 관련 연구자들은 여성들이 군에 진입한 후 군대 폭력이 감소했다고 말한다.[27] 가혹 행위나 군기 잡기도 줄어들고 부대의 불합리한 관행도 개선되었다는 조사 결과다. 여성 군인들도 여군이 들어와 달라진 점은 폭력의 감소라고 말한다. 여성들이 들어오면서 폭력적 언행이 줄고, 일방적 명령보다는 설득과 이해로 사람을 움직이며, 여군에 대한 인권적 처우가 남군들의 인권 의식을 깨우는 변화가 일어난다는 것이다.

여성 군인의 효능성 담론이 유통되거나 '여성'에 관한 젠더 지식이 여성 군인에게 그대로 적용된 기대일 수도 있다. 좀 더 시간을 두고 지켜볼 일이다. 그런데 그것이 무엇이든, 여군은 인권 존중과 인도주의적 군 문화를 나타내는 상징이 된 것만은 틀림없다. 군사 전략에서 안보 개념이 확장되고 인도주의 활동이 활성화되며 인권 의식이 깃드는 변화와도 무관하지 않다. 이 변화의 시기에 여성들이 군에 진입했다.

여군은 변화의 지표이자 상징이 되었다. 그리고 변화의 힘이 잠재한 군의 소수자이기도 하다. 그러나 변화는 개인 여군들의 능력만으로 촉발되진 않는다. 여군의 잠재력이 변화의 힘으로 터지는 것은 군사 활동의 확장된 변화와 만날 때다.

이스라엘과 스웨덴의 차이

군의 변화를 위해서는 무엇을 보아야 할까? 군 문화를 조성하는 군사 활동의 구성 조건들이 다르게 전환되는 지점을 찾아야 한다. 군사 활동을 비폭력적이고 탈군사적인 성격으로 탈바꿈할 수 있는 지점 말이다. 이를 끌어내는 추동력은 군의 사회화다.

여성 군인이 증가한 배경을 짚어보면, 이는 군대 안에서부터 시작된 자발적인 정책이라기보다는 군 외부적 요인이 컸다. 대통령의 공약, 여성단체들의 정치적 압력과 로비, 유엔의 정책, 미국과 주변국의 정책과 흐름 등 정치적 요인이 크게 작용했다. 군의 변화는 시민사회가 군에게 어떤 영향을 미치는가에 따라 좌우될 수 있음을 보여준다. 군은 사회의 한 부분이고 시민사회와 상호 작용한다. 그러니 그 사회가 어떤 성격의 사회인지가 군에게 일정 정도 방향을 제시한다고 볼 수 있다.

　민주적이고 인권 중심적인 군대가 되기 위해서는 그 사회가 그러한 사회여야 한다는 말이다. 성평등 가치를 주요하게 생각하는 사회일수록 여성들이 군에 통합되는 정도가 높다는 게 서구 사회 연구자들의 평가다. 나토NATO 국가들이 실행하는 여군 정책을 비교한 헬레나 카라이러스의 분석에 따르면, 여성들이 군에 진입한 역사가 오래될수록, 성평등한 여성 정책이 사회적으로 정착될수록, 그리고 지원제를 실시하는 국가일수록 군에 대한 여성들의 통합 정도가 높다.[28]

　사회의 성평등 정도는 여성의 군 복무가 불러오는 효과에도 영향을 미친다. 이스라엘은 여성들이 징병제에 참여해왔지만 남성과 동등한 시민권을 얻지 못했다고 평가받는다. 전투병사의 모델을 헤게모니적 남성성으로 상정하고 남성 중심성을 약화시키지 않았기 때문이다. 반면 모든 영역에서 성평등 정도가 높은 스웨덴의 경우, 군대 역시 성평등을 성취하는 방법으로 여성징병제를 실행한다. 이

스라엘과 그 양상이 다른 것이다.[29]

한국 사회에서 모범 사례로 제시되는 북유럽 국가의 여군제도는 다양성이라는 가치를 전반적으로 강조한다. 다양성은 최근 이들 군이 정책적으로 취한 사회적 가치이다. 코펜하겐대학교 군사학센터에 따르면, 유럽 국가의 군대는 작고 전문적인 해외 파견군으로 군의 기능을 전환했다. 이를 효율적으로 정비하기 위해 군은 사회적 다양성을 포착했다.[30] 기술이 발달하고 국제 정세가 변화하면서 나토 회원국들이 잡은 방향이다. 여성들과 소수민족들을 포함하자는 군의 다양성 정책은 젠더 평등에 무게를 둔다. 네덜란드의 여군제도는 성평등 정책을 시행하는 나토군의 시범 사례로 알려져 있다. 노르웨이군이 2015년 발행한 〈군의 장기 전략 보고서〉도 군의 변화를 도모하는 방안으로 다양성과 전문성을 든다. 여성 징병은 그 일환이다.

말하자면, 우리는 민간 영역에서 젠더 다양성과 민주성을 선취해야 한다는 뜻이다. 여성의 군 진출은 역사적으로 시민사회의 가치가 개입된 일이다. 군과 시민사회가 상호작용하면서 군사적 가치가 시민사회를 압도하기보다는 시민사회의 다양성과 비폭력, 탈군사화 가치가 군을 장악해야 한다. 그래서 군사 활동을 죽임과 정복보다는 시민 공공사업으로 전환할 궁리를 해봄 직하다. 물론 정글 같은 국제정치판을 순진하게 생각하는 것 아니냐고 반문하겠지만, 얼토당토않은 이야기는 아니다. 군사 활동의 일부가 전투 외 군사 활동MOOTW으로 확장되는 흐름을 이미 우리는 보았다. 한국군이 재난 중인 아이티에 파견되거나 라오스를 방문할 때도 그랬다.

감사의 말

이 책의 내용은 필자의 박사 학위논문에서 출발한다. 학위 논문을 쓰는 동안 이우정평화상 장학금을 받았다. 그리고 한국연구재단의 연구지원비로 박사후 연구 과정을 하면서 여군 연구는 지속되었다. 미국 버클리대학교에 잠시 머물면서 자료를 탐색할 기회도 가졌다. 여성 군인에 관한 논문들은 그렇게 출산되었다. 이 책은 학술지에 발표했던 내용들을 바탕으로 재구성되었다. 쉽게 쓰려고 하면서도 학술적 이론도 놓치지 않으려 한 까닭에 글의 모양새가 다소 애매해졌다. 이 책의 1장과 5장은 이 책을 애초에 기획한 고 이환희 편집자의 권유로 쓰였다. 시의성에 맞추어 쓴 글이 훌쩍 지난 세월에 묻혀 바래졌다. 일부 내용을 수정해서 다시 쓸 수밖에 없었다. 이리하여 여성징병제와 여성 군인, 두 주제가 하나의 책으로 엮였다.

누구나 알다시피 한 사람의 생각이란 오롯이 그/녀의 것만은 아니다. 사유와 지식은 역사적으로 전승되고 사회적으로 통용된다. 그리고 그 사람이 살면서 만난 동료들과 선배들과의 고유한 접속에서 지적 감정에너지가 생성된다. 그렇게 해서 탄생한 지식은 그 사람 안에만 머무는 것이 아니라 여러 매개를 통해 공유되고 유통된다. 이 과정은 필자에게 매우 소중하다. 연구와 삶의 과정에서 만난 소중한 분들에게 고마움을 표한다.

무엇보다 군 생활의 경험을 생생하게 이야기해준 익명의 여군들에게 고마움을 전한다. 생면부지인 필자를 믿고 자신의 생각과 느낌을 나누어준 여군들은 내게 신세계를 열어주었다. 군대에 멋있고 당당한 여성들이 있음을 알게 되었고, 폐쇄적인 군대가 변화할 수 있는 기운을 보았다.

여성 군인의 아이콘이자 군 개혁의 상징인 피우진 전 보훈처 처장님은 여군 행사에 필자를 초대할 뿐 아니라 만남의 자리까지 만들어주면서 여군의 세상을 더 깊이 이해하도록 필자를 격려했다. 그 과정에서 만난 김은경 젊은여군포럼 대표는 지금까지도 허물없이 생각을 나누는 친구가되었다. 이 책의 출간을 응원한 그녀의 말들은 예리했으나따스했다. 공군 여군들을 만나도록 주선해준 오필환 전 공군사관학교 교수님의 도움도 컸다. 필자가 접근할 수 없는 1990년대 자료들과, 텍스트에서 읽을 수 없었던 교수님의 흥미로운 이야기들도 필자에겐 선물이었다. 진해 지역에서 근무하는 해군 여군들을 만난 건 이종호 다원클린솔루션 대표님 덕분이었다. 그리고 장필화 교수님과 김현미 교수님은 필자가 이 연구를 지속할 수 있도록 장을 마련해주었다. 북유럽 국가의 여군 현황 자료들을 찾아서 보낸 박강성주 교수님, 미국 여군들에 관한 책들을 보낸 최돈미 교수님의 지원도 군대 연구에 큰 힘이 되었다.

이 책을 출판한 도서출판 동녘과 정경윤 편집자님께 감사드린다. 꼼꼼하게 살피며 함께 의논해준 정경윤 편집자님의 배려 깊은 손길을 통해 결국 이 책은 세상에 나왔다. 기획한 지 수년이 지나 출판된 상황에서 이 책을 첫 기획한 고 이환희 편집자를 기억한다.

여기에 일일이 이름을 거론하진 못하나 곳곳에서 평화운동을 하는 활동가님들, 소중한 나의 동료인 피스모모의 활동가님들과 평화페미니즘연구소 연구위원님들, 그리고 여성징병제 자료들을 정리하고 때로 세상사 수다의 즐거움을 주는 동현에게도 고마움을 전한다. 자유롭게 제멋으로 사는 딸/동생을 그저 지켜보는 이정순 사모와 김엘림 교수의 지지는 필자가 지금까지도 초야에서 살 수 있게 하는 버팀목이다.

여성 징집 논쟁과 여군제도의 연대기

병역법 제정	1949		
	1950~1954	**여성 참전 시기** • 육군 여군 탄생과 지속 • 공군·해군 여군 탄생과 중단	
• 군가산점제 도입(1961) • '국가유공자 등 예우 및 지원에 관한 법률' 제정(1984) • 시민단체 군가산점제 폐지 제기(1980년대 후반)	1955~1989	**남녀분리 시기** • 육군 여군(1954)과 여군훈련소 재창설(1955~1989) • 미스여군선발대회(1962~1972) • 육군 여군단 운영(1971~1989) • 여군 병사제도 중단: 초임계급 하사로 변경(1974) • 여군의 결혼과 출산 모두 허용(1988)	• 남녀고용평등법 제정 (1987)
	1990	**남녀통합 시기 (~현재)** • 육군 여군병과 폐지와 일반병과 전환 • 육군 여군훈련소를 여군학교로 개칭	
	1993		• 성폭력특별법 제정

192

• 이화여대 교수 75명과 학생 1931명, 행정쇄신위원회 등 관련 기관에 군가산점제 폐지 청원서 제출 • 여성단체와 일부 시민들, 군가산점제 폐지 건의서를 관련 기관에 제출	**1994**	★ 유엔 '인간안보'(human security) 선언
• 국가보훈처, '국가유공자 등 예우 및 지원에 관한 법률' 시행령 개정안 보류	**1995**	★ 유엔 베이징세계 여성대회 개최
• 제대군인 부모은 '제대군인지원'에 관한 법률에 명시 • 공직자 임명을 위한 청문회 등에서 병역기피 의혹 제기	**1997**	• 공군사관학교 여성 생도 선발	★ 가정폭력방지법 제정
• 병무청, 호봉과 승진에 군 복무 기간만큼 혜택을 주는 병역제도 개선안 입법 예고아 보류 • 한 남성과 5명에이 군가산점제에 대한 헌법소원 제기 • 여성 5명과 남성 장애인 1명이 군가산점제에 대한 헌법소원 제기	**1998**	• 육군사관학교 여성 생도 선발 • 국방개혁추진위원회, 국방개혁 57개 사업 수립	
• 군가산점제 위헌 판결	**1999**	• 해군사관학교 여성 생도 선발 • 국방부 여군인력활용확대 계획 발표	★ 남녀차별금지법 제정
• 군필자 취업 응시 상한 연령을 3년 연장하는 법률 개정안 통과 • 군필자 취업 응시 상한 연령을 3년 연장하는 법률 개정안 통과 • 군가산점 배제로 시험에 탈락했다고 주장하는 군필자들의 불합격 처분 취소 청구 소송 • 한국남성협의회, 남녀공동병역의무제를 주장하며 남성 병역의무제(병역법 3조 1항 등)에 관한 헌법소원 제기 • 《이프》 편집위원 김신명숙, 조건부 여성징병제 주장	**2000**	• 포병 기갑 군종병과를 제외한 전 병과를 여군에게 개방

연도			
2001	•공군과 해군, 여군 자체 선발 시작	•남성병역의무 강조결정	★부산대 여성주의 웹진 <월장> 사건
2002	•육군 여군학교 폐지		
2003	•육군 일반 지원 사건 •국방부 군 기강 확립을 위한 종합 대책 발표 •국방부 양성평등 의식 및 성인지력 향상 교육 실시	•군가산점제 폐지 후, 공무원 채용에서 '여성채용목표제'를 '양성평등채용목표제'로 명칭 변경 •<이프> 특집 기사에 여성징병제 주장 게재	
2004	•육군 병영생활 행동 강령 제정		★성매매특별법 제정
2005	•여군인력활용확대 원칙 개정 •성군기사고 예방 프로그램 실시 •<국방개혁 2020> 제도화 추진 •육군 연천 GP 총기 난사 사건 •군 의자원 개발 종합계획 수립, 자기계발의 병영문화 혁신 발표	•고3 여학생을 포함한 한국남성성인회 회원들을 넘나공동 병역의무 주장하며 헌법소원 청구 •국회인포보집 여성 의무복무 주장 제기 •여성징병제 도입을 골자로 한 병역법 개정안 국회 청원(박세환 의원)	★호주제 폐지 ★여성의 종중원 자격 인정 ★"○○녀" 호명 방식의 여성혐오 발화 확산
2006	•<국방개혁 2020>에 여군인력활용화대 계획 포함 •병영문화 개선을 국방개혁의 기본 이념으로 상정	•남성병역의무제에 관한 헌법소원 제기 •국방부 병역제도 개선대책위원회, 국가봉사경력가산점 제도 신설 검토	
2007	•기존 여성 입대 제한 폐지 •학점으로 인정하는 원격 강좌 실시, 군이 병과하고 교육훈련 과정을 대학 학점으로 인정하는 제도 시행	•군가산점제 도입을 위한 '제대군인지원에 관한 법률 개'정안 대표 발의(고조흥 의원)	
2008	•군 복무 크레딧 제도 시행 •여성고충상담관 신설	•병역법 개정안과 '제대군인지원에 관한 법률 개정안' 대표 발의(주성영 의원) •병역법 개정안 대표 발의(김성회 의원) •군가산점제 부활 저지를 위한 한국여성단체연합 워크숍	

194

연도			
2009	• 남성병역의무제 합헌결정 (위헌의견: 2명, 각하의견: 1명) • 대통령 직속 국가안보총괄점검회의, 대통령에게 군가산점제 재도입 건의 • 남성병역의무제에 관한 헌법소원	• 국방부, 여성지원병제 도입 검토 발표와 취소	
2010	• 남성병역의무제 합헌결정(위헌의견: 1명) • 국방부, 군가산점제 도입을 단기 국방개혁 과제로 선정 • 군가산점제 도입을 내용으로 하는 병역법 개정 발표안(2008년 국회 국방위 통과)이 국회 법사위에서 계류 중 임기만료로 폐기 • 남성병역의무제 헌법소원	• 다문화 2세, 현역병으로 입대 가능	
2011	• 국방부, 군가산점제 부활 추진에 포함된 병영문화 선진화 추진계획 발표 • 병역법 일부개정안 대표 발의(한기호 의원)	• 여성 학군사관후보생(ROTC) 제도 시행 • <307국방개혁안>에서 여군인력활용확대 계획 비율 확대 조정	• 미국 동성애자 입대 허용
2012	• 남성병역의무제 합헌결정(전원일치)		
2014	• 인권군 병영혁신위원회, 군가산점제 부활 내용을 담은 병영혁신과제를 국방부에 보고 • 강원도 동부전선 GOP에 총기 난사 사건을 계기로 여성 대체생 2명이 여성병역의무화 주장 • 남성병역의무제 헌법소원 • 남성병역의무제 각하결정	• 포함 기갑/방공 군종병과를 여군에게 개방 • 윤 일병 구타 살인 사건 • 강원도 GOP 총기 난사 사건	

연도		주요 사건
2015	• 국방부, '성폭력 근절 종합 대책' 발표 • 육군3사관학교 여성 생도 선발	★ 강남역 여성 살해 사건
2016	• 여성징병제 청와대 청원	
2017	• 병사 봉급 인상 추진안 발표	
2018	• 최전방 GOP 등에서 여성 보직 제한 규정 폐지 • 장병내일준비적금 상품 출시 • 여성징병제 청와대 청원	★ 검찰청 내 성범죄 폭로와 미투운동 확산 ★ 사이버성폭력 저지를 위한 집회와 활동 ★ 미국 트랜스젠더 입대 허용
2019	• 여성징병제 청와대 청원	★ 미국 트랜스젠더 입대 철회
2020	• 트랜스젠더 군인 변희수 하사 강제 전역 조치 • 여성징병제 청와대 청원	

주

들어가는 말

1 Cynthia Enloe, *Does Khaki Become You?*: *The Militarism of Women's Lives*, Pluto Press, 1983; Cynthia Enloe, *Globalization and Militarism*: *Feminists Make the Link*, Lanham: Rowman & Littlefield Publishers, 2007.

2 문승숙, 《군사주의에 갇힌 근대》, 김현정 옮김, 또하나의 문화, 2007, 71~102쪽.

3 김엘리, 〈20~30대 남성들의 하이브리드 남성성〉, 《한국여성학》, 36권 1호, 2020, 143쪽.

4 Charles Moskos, "Towards a Postmodern Military: The United States as a Paradigm", C. Moskos, J. Williams and D. Segal(eds.), *The Post Modern Military*: *Armed Forces After the Cold War*, NY: Oxford University Press, 2000.

1장

[1] 2019년 4월 이후 2021년 5월 현재까지 청와대 국민청원 사이트에 여성징병제에 관해 청원이 올라온 것은 70건이 넘는다.

[2] 조영주·문희영·김엘리, 《병역담론의 전환을 위한 기초 연구》, 한국여성정책연구원, 2019, 204~208쪽.

[3] 우먼타임스와 인크루트가 2005년 6월 남녀 대학생과 신입 구직자 1245명을 대상으로 설문조사를 한 결과 여성 55.6퍼센트, 남성 24.9퍼센트가 여성 의무병역에 찬성했다. 응답자와 조사기관이 각각 다르므로 16년 전의 의식조사 결과를 최근의 것과 직접 비교할 수는 없으나, 여성의 병역의무에 관한 남성들의 생각 변화 추이는 짚어볼 만하다.

[4] 한국리서치가 2018년 12월 전국 20~30대 남녀 1002명을 대상으로 설문조사를 한 결과 남성 응답자의 75.3퍼센트가 "남자만 군대에 가는 것은 차별이다"라고 생각하고, 70퍼센트는 "여자도 군대에 가야 한다"는 주장에 동의했다. 김경희·마경희, 〈새로운 세대의 의식과 태도: 2030세대 젠더 및 사회의식 조사 결과〉, 《포용국가와 청년정책: 젠더 갈등을 넘어 공존의 모색》 대통령 직속 정책기획위원회 기획토론회 자료집, 2019.2.22.

[5] 헌법재판소는 2010년 11월 25일, 2011년 6월 30일, 2014년 2월 27일에 합헌결정을 했다. 그 외에 청구 기간 경과를 이유로(2002. 2. 2, 2002.2. 19), 그리고 청구인이 기본권 침해를 당한 것이 아니라는 이유로(2014.7.1), 세 건의 헌법소원에 대해 각하결정을 내렸다. 자세한 내용은 김엘림, 《남녀평등과 법》, KNOUPress, 2016, 174~177쪽.

[6] 《한겨레》, 2005.9.4; 《오마이뉴스》, 2005.9.5.

[7] 김진아, 〈공무원이 되려면 여자도 군대 가라〉, 《사회평론 길》, 11월호,

198

1994, 107, 109쪽.

[8] 같은 글, 107쪽.

[9] 정진성, 〈군가산점에 대한 여성주의 관점에서의 재고〉, 《한국여성학》, 17권 1호, 2001.

[10] 군가산점제는 군필자에 대한 보상이자 우대의 대표적인 관례이지만, 사실상 국가기관, 지방자치단체, 교육기관, 일반 업체의 신규 사원 채용 시 해당되는 제도이다.

[11] 정부 차원에서도 움직임이 있었다. 1994년 7월, 정무제2장관실은 행정쇄신위원회에 가산점 제도의 개정을 건의했다. 반면 국가보훈처는 그 손실을 보상해줄 수 있는 장치가 우선적으로 필요하다며 개정을 반대했다. 논쟁은 군가산점제를 고수하는 보훈처·총무처·국방부와, 군가산점제의 개선을 요구하는 정무제2장관실, 장애인인권단체, 여성단체, 일부 시민단체가 대립하는 양상이었다. 이러한 상황에서 행정쇄신위원회는 1994년 10월 가산점 비율을 1.5~3퍼센트로 낮추는 개선 방안을 확정한다. 그러나 관련 부처의 강력한 반대로 처리가 보류되었다. 군가산점제는 1984년 제정된 '국가유공자 등 예우 및 지원에 관한 법률'에 따라 시행되다가 이 법률에서 제대군인 내용을 분리시켜 1997년 12월에 제정된 '제대군인 지원에 관한 법률'에 명시된다. 여성단체들은 이 과정에서 군가산점제에 대해 재차 문제를 제기했지만, 차후에 다시 검토하기로 하고 이 법률에 두기로 했다. 한편 1998년 7월 병무청은 군가산점제가 적용되는 동일한 범위에서 호봉과 승진에 군 복무 기간을 책정한 혜택을 동일하게 적용하는 병역제도 개선안을 입법 예고했다. 그러나 여성단체들의 반대로 유보되었다. 여성단체들의 핵심 주장은 군 복무에 대한 보상은 필요하지만 특정 집단의 채용 시험과 승진에 피해를 주면서 추진하면 안 된다는 입장이었다. 이렇게 제도의 개선안은 몇 년 동안

설왕설래의 논의 과정을 겪는다.

12 장애인 정강용 씨는 1991년 7급 행정직 공채 시험에 응시해 82.22점을 받았으나 낙방한다. 그러나 78.33점을 받은 군필자가 가산점 5퍼센트를 더해 합격했음을 나중에 알게 된다. 더욱이 81점을 받은 동기생이 가산점을 받아 86점이 되었다고 자랑하는 것도 듣게 된다. 그럼에도 불구하고 정강용 씨는 공무원 시험을 재차 응시했으나 거듭 탈락되면서 충남도청을 상대로 1994년 행정심판을 청구한다. 그러나 성과가 없자 1998년 헌법재판소에 헌법소원을 청구했다. 김정열, 〈군가산점제 위헌 판결에 대한 장애우의 입장〉, 《여성과사회》, 11호, 2000, 146, 150~152쪽.

13 군 복무 기간 경력인정 제도는 '제대군인지원에 관한 법률'에 근거하여 군 복무 기간을 경력에 포함하는 제도이다. 군 복무는 호봉과 임금을 결정할 때 경력으로 인정된다. 2018년 8월 현재 국가기관은 100%, 공기업은 89.9%, 일반기업체는 40.3%가 이 제도를 실행한다. 〈제대군인지원에 관한 법률 일부개정법률안에 대한 국회 정무위원회 검토보고서〉, 2018.11.

14 자세한 내용은 권김현영, 〈군가산점제 소동과 싸이버테러〉, 《여성과사회》, 11호, 2000, 133~145쪽.

15 중앙일보 편집국, 《대한민국 논쟁과 대안》, 중앙북스, 2007, 70~79쪽.

16 국회의원들은 입법 발의를 통해서 군가산점제를 수정해 다시 도입하려 했다. 2007년 고조흥 의원의 '제대군인지원에 관한 법률' 개정안 대표 발의, 2008년 주성영 의원의 병역법 개정안과 '제대군인지원에 관한 법률' 개정안 대표 발의. 김성회 의원의 병역법 개정안 대표 발의, 2012년 한기호 의원의 병역법 일부개정안 대표 발의가 있었다.

17 국방부 홈페이지, 2009.11.12; 《연합신문》, 2009.11.12.

18 2006헌마328 병역법 제3조 제1항 등 위헌확인 사건에 관한 헌법재판소 결

정문.

[19] 군의 효율성이란 사기, 응집력, 전투준비태세를 활성화하는 조직력, 이 세 가지를 발휘하는 역량을 뜻한다. 문미경·김동원, 〈남녀통합이 사기 단결 전투준비태세에 미치는 영향에 관한 연구〉, 한국여성개발원, 2003.

[20] 신시아 인로, 《군사주의는 어떻게 패션이 되었는가》, 김엘리·오미영 옮김, 바다출판사, 2015, 164~168쪽.

[21] 2003년 3월 제시카 린치 일병은 물자보급 수송 차량을 운전하던 중 매복한 이라크인들의 급습을 받았다. 총격전을 벌인 끝에 부상을 입고 포로가 되었다. 무장한 미국 특수부대는 특별작전을 펼쳐 병원에 있는 제시카를 구했다. 제시카는 포로가 된 지 일주일 만에 무사히 귀환했다. 제시카 일병 구하기 작전은 땀을 쥐게 하는 첩보 영화처럼 영상화되었고, 미국은 여전히 강하고 건재하다는 이미지를 보여주었다. 그러나 병원은 비무장 상태였고 이라크인들이 제시카를 치료한 후 미군 부대로 이송할 참이었음이 차후에 알려지면서 비판적 여론이 끓었다. 과잉 대처였다는 평가와 함께 이 사건을 해석하려는 논문도 이어졌다.

[22] Elizabeth Kier, "Discrimination and Military Cohesion: an Organizational Perspective", M. F. Katzenstein and J. Reppy(eds.), *Beyond Zero Tolerance: Discrimination in Military Culture*, Maryland: Rowman & Littlefield Publishers, INC, 1999, pp.25~52; Megan H. MacKenzie, "Let Women Fight: Ending the U.S. Military's Female Combat Ban", *Foreign Affair*, 91(6), 2012, pp.32~42.

[23] 문미경·김동원, 〈남녀통합이 사기 단결 전투준비태세에 미치는 영향에 관한 연구〉, 한국여성개발원, 2003; 김동원, 〈한국여군 증가의 효과적 분석: 기능적 문화적 보상적 효과를 중심으로〉, 《정부학연구》, 13권 3호, 2007,

169~197쪽.

24 중앙일보 편집국, 《대한민국 논쟁과 대안》, 76~77쪽.

25 윤진숙, 〈여성의 병역의무에 대한 법이론적 고찰〉, 《공법학연구》, 8권 4호, 2007, 243~261쪽.

26 고정갑희, 〈군대와 성: 페미니즘으로 제도의 불평등을 넘어 체제의 폭력에 맞서기〉, 《여/성이론》, 24호, 2011, 10~38쪽.

27 가람, 〈여성징병제는 과연 '평등'을 가져올 수 있을까?〉, 전쟁없는세상, 2017.9.25.(http://www.withoutwar.org/?p=13929).

28 자세한 내용은 김엘리, 〈여성의 군 참여 논쟁: 영미페미니스트들의 평등 프레임과 탈군사화 프레임을 중심으로〉, 《한국여성학》, 32권 1호, 2016 참조.

29 자세한 내용은 김엘리, 〈여성의 군 참여 논쟁: 영미페미니스트들의 평등 프레임과 탈군사화 프레임을 중심으로〉 참조.

30 이연숙 국회의원과의 인터뷰, 2011.2.3.

31 Judith Hicks Stiehm, "The Protected, The protector, The Defender", *Women's Studies*, 5(3/4), 1982, pp.367~376; *Arms and the Enlisted Woman*, Philadelphia: Temple University Press, 1989.

32 권인숙, 《대한민국은 군대다》, 청년사, 2005, 240쪽; 이현재, 《여성혐오, 그후》, 들녘, 2016.

33 〈페미니스트라면 여성도 군대 가겠다고 해야 할까?〉, 《시사저널》, 2018.6.20.

34 천관율·정한울, 《20대 남자》, 시사IN북, 2019, 101~135쪽.

35 그렇다고 해서 남성만의 병역의무제가 완전했거나 징병제에 대한 비판이 없었다는 뜻은 아니다. 징병을 거부한 남성들은 일제시대를 거쳐 한국전쟁 이후 지금까지 계속 있었다.

36 문승숙, 《군사주의에 갇힌 근대: 국민만들기, 시민되기, 성의 정치》, 이현정

옮김, 또하나의문화, 2007.

[37] 〈20~30대 남성들의 하이브리드 남성성〉 연구를 위한 필자와의 인터뷰.

[38] 〈20~30대 남성들의 하이브리드 남성성〉 연구를 위한 필자와의 인터뷰.

[39] 〈20~30대 남성들의 하이브리드 남성성〉 연구를 위한 필자와의 인터뷰.

[40] 빅카인즈에서 1990년 이후 8개 중앙지를 중심으로 '군대', '여성' 두 키워드로 검색하니(검색일: 2018.8.24), 군대와 출산에 관한 첫 신문 기사는 1999년 8월 16일자 《한국일보》에 실린 변형섭 기자의 〈성차별 논쟁 열기 후끈〉이었다(https://www.kinds.or.kr:443/images/nspIcon_01101101.png).

[41] 김엘리, 〈초남성 공간에서 여성의 군인되기 경험〉, 《한국여성학》, 28권 3호, 2012, 151쪽.

[42] 장정일, 〈여성징병을 적극 환영한다〉, 《한국일보》, 2017.9.27; 정재훈, 〈여성도 군대가는 성평등한 나라〉, 《여성신문》, 2017.9.11.

2장

[1] 헌병사령관 최영희 대령의 〈국토방위와 책임완수〉라는 담화에 대한 징집자의 답사다(《경향신문》, 1950.2.10). 김청강, 〈국가를 위해 죽을 권리〉, 《법과사회》, 51호, 2016, 266쪽에서 재인용.

[2] 백승덕, 〈한국전쟁 이전의 국민개병제 구상과 시행〉, 《한국사연구》, 175권, 2016, 308~309쪽.

[3] 문승숙, 〈군사주의에 갇힌 근대〉, 77쪽.

[4] 강인철, 〈한국전쟁과 사회의식 및 문화의 변화〉, 《한국전쟁과 사회구조의 변화》, 백산서당, 1999; 김동춘, 〈한국의 분단국가 형성과 시민권〉, 《경제와

사회》, 여름호(통권 70호), 2006, 168~189쪽.

5 임재성, 〈징병제 형성과정을 통해서 본 양심적 병역거부의 역사〉, 《사회와 역사》, 88집, 2010, 405~406쪽.

6 〈홍성군 망신문패 '기피자의 집', 15명 집에 … 붉은 페인트로 두 곳씩이나〉, 《조선일보》, 1974.7.14(http://srchdb1.chosun.com/pdf/i_service/index_new. jsp?Y=1974&M=7&D=14).

7 문승숙, 《군사주의에 갇힌 근대》, 71~102쪽.

8 박선영·안상수·김영택·곽용수·장명선, 《군복무에 대한 사회통합적 보상 체계 마련을 위한 정책방안 연구》, 한국여성정책연구원, 2007, 51~52쪽.

9 덧붙여 미국은 2011년에 동성애자를, 2018년에 트랜스젠더의 입대를 허용 했다. 그러나 2019년 4월 트럼프 정부는 트랜스젠더 입대 허용을 철회했다. 한국 사회는 고 변희수 하사의 강제 전역 문제로 트랜스젠더의 입대 허용 이슈가 수면 위로 올랐다.

10 육군본부, 《육군 여성 50년 발전사: 창설~2000》, 2000, 61쪽.

11 같은 책, 211쪽.

12 같은 책, 85쪽, 1950년 8월 23일 여자의용군 모집에 관한 담화문.

13 같은 책, 112쪽.

14 같은 책, 116쪽.

15 같은 책, 103, 111쪽.

16 공군 군역사기록관리단, 《공군여군사》, 2006, 58쪽.

17 같은 책, 44~45쪽.

18 같은 책, 35~95쪽.

19 같은 책, 25~34쪽.

20 육군본부, 《육군 여성 50년 발전사: 창설~2000》, 265~266쪽.

204

21 같은 책, 267~274쪽.

22 장필화·정세화, 〈사회발전에 따른 대학 출신 여성의 취업기회 확대 방안 연구〉, 《여성학논집》, 2집, 이화여자대학교 한국여성연구소, 1985, 16, 19쪽.

23 김귀옥, 〈여성인력의 군 진출 및 활용에 관한 연구〉, 성균관대학교 행정대학원 석사논문, 1993, 26~28쪽.

24 김점곤, 〈국가안보와 여성의 역할〉, 《월간여성》, 7/8호, 1976.

25 이정숙, 〈총력안보와 여성〉, 《월간여성》, 10월호, 1978.

26 김태봉, 〈제3땅굴과 우리의 각오〉, 《월간여성》, 11월호, 1978.

27 김창순, 〈80년대의 남북한 관계와 한국안보〉, 《월간여성》, 10월호, 1980.

28 육군본부, 《육군 여성 50년 발전사: 창설-2000》, 211쪽. 여성의 군 참여가 갖는 의의에 관해서는 Nira Yuval-Davis, *Gender & Nation*, London: SAGE Publications, 1999, 98쪽 참조.

29 여성 장교의 지원율은 1983년에 11 대 1, 1985년에 31 대 1, 1987년에 56 대 1, 1988년에 64 대 1, 1989년에 56 대 1이었다. 육군여군학교(1990) 내부 자료 참조. 김귀옥, 〈여성인력의 군 진출 및 활용에 관한 연구〉, 9쪽 재인용.

30 조승옥 외, 《군대윤리》, 집문당, 2010, 149~163쪽.

31 서남수·이규헌, 〈군 간부 실천 경영혁신 패러다임 개발〉, 육군사관학교 화랑대연구소, 2001; 이종인·최광표·독고순, 〈지식정보시대의 국방인력 발전방향〉, 한국국방연구원, 2003.

32 정봉협, 《국방여군》, 2호, 2004, 11쪽.

33 원태재, 《국방여군》, 2호, 2004, 18~19쪽.

34 군사 중심의 안보만으로는 사람들의 안전한 삶이 충분히 보장되지 않는다고 보고, 일상생활에서 인간의 생명과 존엄을 위협하는 요소들까지 고려해야 한다는 생각에서 비롯되었다. 가난(경제안보), 기아(식량안보), 질병(건강

안보), 환경오염(환경안보), 폭력과 범죄에 대한 공포(개인안보)로부터의 자
유를 말하며, 사회에 소속할(공동체안보) 자유, 그리고 인간권리(정치적 안
보)를 행사할 자유를 말한다.

35 Moskos, Charles, "Towards a Postmodern Military: The United States as a
   Paradigm", C. Moskos, J. Williams and D. Segal(eds.), *The Post Modern
   Military: Armed Forces After the Cold War*, NY: Oxford University Press,
   2000.

36 J. A. Mertus, *Bait and Switch: Human Rights and U.S. Foreign Policy*, NY &
   London: Routledge, 2008.

37 육군사관학교 화랑대연구소, 《군 여성인력 활용실태 분석을 통한 효과적
   인적자원개발모델 구축: 군인력개발정책의 성별영향분석 평가를 중심으
   로》, 여성가족부, 2012.

38 국방부, 《국방여성 직무수행 및 지휘통솔 성공사례집》, 2006; 육군사관학교
   화랑대연구소, 《군 여성인력 활용실태 분석을 통한 효과적 인적자원개발모
   델 구축: 군인력개발정책의 성별영향분석 평가를 중심으로》, 38쪽.

39 Claire Duncanson, *Forces for Good?: Military Masculinities and Peacebuilding
   in Afghanistan and Iraq*, Palgrave Macmillan, 2013; Saskia Stachowitsch,
   "Military Gender Integration and Foreign Policy in the United States: A
   Feminist International Relations Perspective", *Security Dialogue*, 43(4), 2012,
   pp.305~321.

40 1999년 여군인력활용확대 계획은 연도별 증가 목표율을 세운 것으로 여성
   발전기본법을 근거로 마련되었다. 2006년에는 〈국방개혁 2020〉에 포함되
   어 법적 근거를 확고히 갖게 되었다. 그리고 2011년 〈307국방개혁안〉에서
   그 증가 비율은 확대 조정된다. 장교 7퍼센트, 부사관 5퍼센트의 목표는

2017년에 앞당겨 달성되었고, 2018년에는 8.8퍼센트의 증가 목표율을 발표했다.

[41] 국방부 군인적자원개발 사업 추진계획, 2004.11.25.

[42] 국방부 여성발전단, 《국방여군》, 2003년 창간호~2005년; 국방부 여성정책팀, 《국방여성》, 2006년 창간호~2013년.

[43] 언론 기사의 출처는 《세계일보》, 2012.9.18; MBN, 2010.12.19; 《한국일보》, 2010.11.1이다.

3장

[1] 자세한 내용은 Kristy N. Kamarck, "Women in Combat: Issues for Congress", Congressional Research Service, 2015.12.3; R. Woodward and T. Winter, *Sexing the Soldier: the Politics of Gender and the Contemporary British Army*, London & NY: Routledge, 2007 참조. 영국 여군보조단(Women's Army Auxiliary Corps: WAAC)은 1918년에 여왕군보조단(Queen Mary's Army Auxiliary Corps)으로 개명했다. 당시 약 5만 7000명의 여성들이 군에 자원해 활동했다. R. Woodward and T. Winter, *Sexing the Soldier*, p.26.

[2] 자세한 내용은 육군본부, 《육군 여성 50년 발전사: 창설-2000》, 83~126쪽; 공군 군역사기록관리단, 《공군여군사》, 14~112쪽 참조.

[3] 공군은 1993년에 처음으로 간호장교를 자체 선발했다.

[4] 홍보 영상 〈아버지와 딸〉은 국방홍보원에 게재된 자료였으나, 필자가 국방홍보원에 문의 전화를 한 후 돌연히 삭제되었다. 이후 정확한 게재일을 확인할 수 없었다.

5 〈백년전우: 여군의 어머니 김화숙 대령〉 내레이션, 2007, 김화숙 예비역 대령(육군 여군학교 24대 학교장) 증언.

6 오필환 전 공군사관학교 교수의 증언, 2010.7.13; 공군 군역사기록관리단, 《공군여군사》, 226~227쪽. 육군이 남녀통합 운영체제로 전환한 결정적 계기는 사회의 고급인력을 군에서 적극 활용하라는 노태우 전 대통령의 정치 공약 이행 지시였다. 사관학교 여자 생도 입학 허용으로 남녀통합 교육체제가 현실화된 것은 김영삼 전 대통령의 공약의 힘이 컸다. 김영삼 전 대통령은 자신의 회고록에서 사관학교 여자 생도 입학 허용을 결단한 계기가 남성들과 똑같이 군 업무를 수행하는 미국 여군을 목격한 후라고 기록했는데, 그는 재임 중 이를 실행에 옮겼다. 김영삼, 《김영삼 대통령 회고록: 민주주의를 위한 나의 투쟁 – 하》, 조선일보사, 2001, 137쪽.

7 기갑병과와 포병병과가 여군에게 개방된 것은 2014년이다. 2015년에 처음으로 여성 부사관이 임용되었고, 2018년에 여성 장교가 임관되었다.

8 1991년 육군본부 인사참모부가 작성한 '육사여자생도 모집' 검토 보고서에 따르면, "육사 교육을 통하여 건전한 시민을 육성하고 안보 공감대 확산 가능성"이 높아진다는 점에서 여자 생도 입교를 긍정적으로 평가하고 있다. 공군사관학교 교수부, 〈남녀사관생도 통합교육의 주요문제〉, 1999, 80~82쪽.

9 〈국군연대기: 제23회 여군 전성시대를 열다(1997–1999)〉 내레이션, 2010, 이정린 예비역 육군 소장(제26대 국방부 차관).

10 〈국군연대기: 제23회 여군 전성시대를 열다(1997–1999)〉 내레이션, 2010, 김윤주 예비역 공군 소장(제17대 공군 군수사령관).

11 국방부 뉴스, 〈여군인력 활용 대폭확대〉, 인사복지국, 1999.2.18.

12 육군본부, 《육군 여성 50년 발전사: 창설–2000》.

13 사라 밀즈, 《담론》, 김부용 옮김, 인간사랑, 2001, 112쪽.

14 육군본부, 《육군 여성 50년 발전사: 창설~2000》, 396쪽.

15 김세영, 〈여군과 리더십〉, 《국방여군》, 창간호, 2003, 19쪽.

16 능력주의를 처음으로 창안한 마이클 영(Michael Young)은 우경화하는 영국 노동당을 비판하는 의미로 이 용어를 사용했다. 이후 능력주의는 기회의 평등이 주어지고 개인의 실력과 노력에 의거해 보상받아야 된다는 믿음을 정당화하는 것으로 널리 퍼졌다. 스티븐 J. 맥나미·로버트 K. 밀러 주니어, 《능력주의는 허구다》, 김현정 옮김, 사이, 2015, 12~13쪽.

17 〈꿈 도전 그리고 여군〉 내레이션, 1998, 고딕체는 필자 강조.

18 〈군대가 바뀌고 있다 2부: 조국수호에 남녀가 따로 없다〉 내레이션, 2002.

19 〈군이 사회를 바꾼다〉 내레이션, 2002.

20 이는 육군본부가 정리한 1970~2000년 언론 기사(육군본부, 《육군 여성 50년 발전사: 창설~2000》, 402~427쪽)와 필자가 한국언론진흥재단에서 검색한 1990~2010년 신문 기사를 근거로 한다.

21 〈여군비망록〉, 국방부 홍보관리소, 1996; 〈우리여군〉, 국방부 홍보관리소, 1975. 이 프레임은 공영 매체에서도 변주된다. 〈지용미〉, MBC, 1998; 〈극한직업: 여군특공대〉, EBS, 2009 등이 있다.

22 육군본부, 《육군 여성 50년 발전사: 창설~2000》, 216~219, 225~227쪽.

23 예를 들면 〈강군시대: 여군, 전진 앞으로〉, 조선일보 기획/국군방송 제작, 2009.1.30; 〈극한직업: 여군특공대〉, EBS, 2009. 6.10; 〈시사매거진 2080: 독거미 여전사〉, MBC, 2010.10.24; 〈고난도 훈련, 여군장교 유격훈련장!〉, YTN, 2006.6.17 등이 있다.

24 육군 여군 모집 병과 선정의 고려 요소는 다음과 같다. 김은희, 〈여군인력활용확대 계획에 관한 연구〉, 서강대학교 공공정책대학원 사회정책학과 여성정책전공 석사논문, 2004, 63~64쪽; 김귀옥, 〈여성인력의 군 진출 및 활용

에 관한 연구〉, 성균관대학교 행정대학원 석사논문, 19~20쪽, 1993에서 재인용.

구분	전투병과							기술병과				행정병과				특수병과			
	보병	기갑	포병	항공	공병	통신	정보	화학	병기	병참	수송	부관	헌병	경리	정훈	의정	군의	수의	법무
여성 본성	×	×	×	○	×	×	○	○	×	○	○	○	○	○	○	○	○	○	○
위험 부담성	×	×	×	○	×	×	○	×	×	○	×	○	×	○	○	○	○	○	○
확보 가능성	○	×	×	×	×	×	○	○	×	○	○	○	○	○	○	○	×	×	×
외국의 경우	×	×	○	○	○	○	○	○	○	○	○	○	○	○	○	○	○	○	○

[25] 육군사관학교 화랑대연구소, 《군 여성인력 활용실태 분석을 통한 효과적 인적자원개발모델 구축: 군인력개발정책의 성별영향분석 평가를 중심으로》.

[26] 여군장교의 보직관리 원칙 24조.

[27] "직위의 직능과 개인의 능력(보직, 교육 및 전문자격 등)을 고려해 적재적소에 보임한다"(장교인사관리 33조 보직관리, 2008.9.12).

[28] 여군발전워크숍 발표문, 《국방여군》, 2004, 26쪽. 고딕체는 필자 강조.

[29] 양재훈, 〈새 시대의 매직워드 여군〉, 《국방여군》, 4호, 2005, 26~27쪽.

4장

[1] 공군사관학교, 〈공군사관학교 남녀 생도 통합교육의 성과분석〉, 2001.10; 국방부 여군발전단, 〈군대 내 양성평등 현황 분석 및 확산 방안 연구〉, 2004; 김광은, 〈1997년부터 2007년까지 공군 여성 장교들의 성역할 태도

변화: 사관학교 성통합 첫해에 입학한 기수를 중심으로〉,《한국심리학회지: 여성》, 2007, 12권 3호, 347~359쪽.

[2] R. Woodward and T. Winter, *Sexing the Soldier*, 2007, pp.66~70.

[3] 미국의 신병들이 입대하는 이유도 이와 유사하다. 머투스는 미국 신병들과의 인터뷰를 통해 신병들이 과거처럼 대학 학자금을 확보하기 위해 입대하기보다는 단기간의 모험을 통해 장기간의 경력을 고양시키는 기술과 경험을 추구하는 경향이 높다는 점을 밝힌다. 자세한 내용은 Julie A. Mertus, *Bait and Switch*, NY: Routledge, 2008, p.111.

[4] Helena Carreiras, *Gender and the Military: Women in the Armed Forces of Western Democracies*, London & NY: Routledge, 2006, pp.84~86.

[5] Rose Nikolas, *Inventing Our Selves*, Cambridge University Press, 1998, pp.151~157.

[6] 정원주,《국방여군》, 4호, 2005, 47~48쪽.

[7] 신자유주의 통치성에 관한 자세한 내용은 다음의 글을 참조. 미셸 푸코,《감시와 처벌》, 오생근 옮김, 나남출판, 1997; Thomas Lemke, "Foucault, Governmentality, and Critique", *Rethinking Marxism*, 14(3), 2002, pp.49~64; 서동진,《자유의 의지, 자유계발의 의지》, 돌베개, 2009.

[8] 〈강인하고 멋진 해병대가 된다는 것〉,《국방여군》, 2호, 2004, 32쪽.

[9] 이영자, 〈한국의 군대 생활과 남성 주체 형성〉,《현상과 인식》, 가을호, 2005.

[10] Lorraine Dowler, "Women on the Frontlines: Rethinking War Narratives Post 9/11", *GeoJournal*, 58, 2002, pp.159~165.

[11] 류영숙, 〈여성장교의 경험으로 본 한국군대의 젠더정치〉, 연세대학교대학원 사회학과 석사논문, 2002, 78~79쪽.

[12] R. M. Kanter, *Men and Women of the Corporation*, NY: Basic Books, 1977.

[13] L. N. Rosen et al., "Cohesion and Readiness in Gender Intergrated Combat Service Support Units: The Impact of Acceptance of Women and Gender Ratio", *Armed Forces & Society*, 22(4), 1996, pp.537~553.

[14] 2018년 8월 국방인사관리훈령의 여군 보직 제한이 대폭 개정되면서 이 조항은 삭제되었다.

[15] 피우진, 《여군은 초콜릿을 좋아하지 않는다》, 삼인, 2006, 110~118쪽.

[16] Kayla Williams, *Love My Rifle More Than You*, Norton, 2005, pp.13, 22.

[17] M. H. MacKenzie, "Let Women Fight: Ending the U.S. Military's Female Combat Ban", *Foreign Affair*, 91(6), 2012, pp.32~42.

[18] 한국 군대 내 성폭력 실태조사 결과를 한눈에 보려면 한국여성정책연구원, 〈군대 내 성폭력 제한적 신고제도 도입방안 연구〉, 2017을 참조.

[19] 군인권센터 외, 《군 성폭력 실태조사》, 2014.

[20] 육군사관학교 화랑대연구소, 〈육군사관학교 남녀 생도의 체력변화 추이에 관한 연구〉, 2000; 공군사관학교, 〈공군사관학교 남녀 생도 통합교육의 성과분석〉, 2001; 한국국방연구원, 〈군에서의 여성 통합 방향과 과제〉, 2001.

[21] C. Cohn, "Wars, Wimps and Women: Talking Gender and Thinking War", M. Cooke and A. Wollacott(eds.), *Gendering War Talk*, Princeton, New Jersey: Princeton University Press, 1993.

[22] R. W. Connell, *Gender and Power: Society, the Person and Sexual Politics*, California: Stanford University Press, 1987, pp.66~87.

[23] 크리스 쉴링, 《몸의 사회학》, 임인숙 옮김, 나남, 1993, 161쪽.

[24] Joan Wallach Scott, "Gender: A Useful Category of Historical Analysis", *Gender and Politics of History*, NY: Columbia University Press, 1989.

25 이하 내용은 김엘리, 〈카키, 카무플라주, 하이브리드 남성성: 포스트근대의 군사적 남성성〉, 연세대학교 젠더연구소 엮음, 《그런 남자는 없다》, 오월의 봄, 2017, 176~177쪽을 그대로 가져왔다.

26 주디스 버틀러, 《젠더 트러블》, 조현준 옮김, 문학동네, 2008, 342~345쪽.

27 Yael A Sherman, "Neoliberal Femininity in Miss Congeniality", H. Radner and R. Stringer(eds.), *Feminism at the Movies: Understanding Gender in Contemporary Popular Cinema*, NY & London: Routledge, 2011.

28 Angela McRobbie, *Aftermath of Feminism*, Los Angeles: SAGE, 2009; H. Radner and R. Stringer(eds.), *Feminism at the Movies: Understanding Gender in Contemporary Popular Cinema*.

29 Choi Hee Jung and Kim Nora Hui-Jung, "Of Soldier and Citizens: Shallow Marketisation, Military Service and Citizenship in Neo-Liberal South Korea", *Journal of Contemporary Asia*, 47(4), 2017, pp.515~534.

5장

1 Kathleen Jones, "Dividing the Ranks: Women and the Draft", J. B. Elashtain and S. Tovias(eds.), *Women, Militarism and War*, Maryland: Rowman & Littefield, 1999, p.125.

2 미국은 현재 남성 징병등록제를 실시하고 있다. 미국 남성들은 만 18세 이상이 되면 의무적으로 징병등록을 하고, 전쟁이 발생하면 입대한다. 이에 대해 여성도 징병등록을 해야 한다는 정치인들의 목소리가 있다. 평시에는 지원제를 실시하므로 여성과 남성 모두 지원을 통해 입대한다.

[3] Karl W. Haltiner, "The Definite End of the Mass Army in Western Europe?" *Armed Forces & Sociology*, 25(1), 1998, pp.7~36.

[4] 이희은, 〈AI는 왜 여성의 목소리인가?: 음성인식장치 테크놀로지와 젠더화된 목소리〉, 《한국언론정보학보》, 90호, 2018, 144~145쪽.

[5] 첫 번째 글은 청와대 국민청원서에 대한 동의 댓글(https://www1.president.go.kr/petitions/899)이며, 두 번째 글은 청원 내용의 자료에서 인용했다(http://www.todayhumor.co.kr/board/view.php?table=bestofbest&no=310489).

[6] 허정헌, 〈민주연구원 '모병제 전환 필요' 보고서에 SNS도 들썩〉, 《한국일보》, 2019.11.7.

[7] 2020년을 기준으로 병력 수는 약 57만 9000명이다.

[8] 《연합뉴스》, 2011.3.6 등 참조. 2011년 이후 언론사는 기업의 여성 장교 채용을 보도했다.

[9] 권인숙, 〈징병제의 여성참여〉, 《여성연구》, 74권 1호, 2008, 192쪽.

[10] F. D'Amico, "Citizen-Soldier? Class, Race, Gender, Sexuality and the US Military", S. Jacobs, R. Jacobson and J. Marchbank(eds.), *States of Conflict: Gender, Violence and Resistance*, London & NY: Zed Books, 2000, pp.105~122.

[11] Hester Eisenstein, *Feminism Seduced*, Paradigm Publishers, 2009, p.183.

[12] Ibid.

[13] Krista Hunt, "'Embedded Feminism' and the War on Terror", Krista Hunt and Kim Rygiel(eds.), *(En)Gendering the War on Terror*, Hampshire: Ashgate. 2007, pp.52~66.

[14] Zillah Eisenstein, *Sexual Decoys*, London: Zed Books Ltd., 2007, p.17.

[15] 사토 후미카·유병완, 〈여성과 자위대: 카무플라주하는 여성의 역할과 젠더

주류화〉, 《일본비평》, 11호, 2014, 83~109쪽.

16 Isabelle V. Barker, "(Re)producing American Soldiers in an Age of Empire", *Politics & Gender*, 5, 2009, pp.211~235.

17 Saskia Stachowitsch, "The Reconstruction of Masculinities in Global Politics: Gendering Strategies in the Field of Private Security", *Men and Masculinities*, 18(3), 2015, pp.363~386.

18 "(1995년) 태평양 함대를 시찰하면서 미국 해군에 여성이 많다는 사실을 알고 나는 큰 인상을 받았다. 수병의 20퍼센트가량이 여성 군인이었다. 건장한 여성 수병들이 남성 병사와 똑같이 밧줄을 풀거나 매는 힘든 일을 거뜬히 수행해내고 있었고, 보급함의 함장도 여성 대령이었다. 나는 그 모습을 보면서 우리나라 해군사관학교에도 여자 생도를 받아들여야겠다고 결심했고, 재임 중 그것을 실행에 옮겼다." 김영삼, 《김영삼 대통령 회고록: 민주주의를 위한 나의 투쟁 – 하》, 137쪽.

19 Leonid Bershidsky, "Why Europe Puts Women Into Top Defence Roles?", *Bloomberg*, 2017.5.18.

20 Krista Donalson, "Is It Time for G.I.Jane?", *Off Our Backs*, 35(11/12), 2005, pp.32~34; Jennie Ruby, "Women in Combat Roles: Is That the Question?", *Off Our Backs*, 35(11/12), p.36.

21 "계집애들 공 던지기"는 이리스 영이 쓴 글의 제목이다. Iris M. Young, "Throwing Like a Girl", *On Female Body Experience*, Oxford University Press, 2005.

22 군의 민낯을 보여주는 사건들은 여럿 있다. 공군사관학교에서 수석 졸업할 여성 생도는 관례대로 하면 대통령상을 받아야 함에도 국무총리상으로 밀려났다. 체력 점수가 낮다는 이유에서였다(《한국일보》, 2014.2.18). 또한

ROTC 군사훈련 평가에서 여자대학교가 연속 1위를 하니 평가제도를 순위제에서 등급제로 변경한 사건도 있었다(《연합신문》, 2014.2.20).

[23] Jennifer M. Silva, "A New Generation of Women? How Female ROTC Cadets Negotiate the Tension between Masculine Military Culture and Traditional Femininity", *Social Forces*, 87(2), 2008, pp.937~960.

[24] R. Woodward and T. Winter, *Sexing the Soldier: the Politics of Gender and the Contemporary British Army*, London and New York: Routledge, 2007.

[25] Helena Carreiras, *Gender and the Military: Women in the Armed Forces of Western Democracies*, London and NY: Routledge, 2006.

[26] Cynthia Enloe, "The Politics of Constructing the American Woman Soldier", A. Elisabeth, E. R. Valeria and S. Lorenza(eds.), *Women Soldiers: Images and Realities*, NY: St. Martin's Press, 1994.

[27] 김동원은 육군 군인들의 의식 설문조사에서 '부대의 분위기 개선', '구타 및 가혹 행위 등 군기사고 감소', '폭언 감소', '불합리한 제도와 관행의 개선'이 여군의 군 진입으로 인해 가장 많이 변화한 내용으로 꼽고 있다. 송병주와 김태숙도 해군 군인들을 대상으로 한 여군인력확대효과 의식 설문조사에서 '폭력과 폭언 감소', '부대 분위기 개선', '군기사고 감소', '규칙이나 법률 준수' 순으로 향상되었다고 보고한다. 김동원, 〈한국여군 증가의 효과적 분석: 기능적 문화적 보상적 효과를 중심으로〉; 송병주·김태숙, 〈여군인력 확대의 효과에 관한 인식조사〉, 《경남지역연구》, 13집, 2010.

[28] Helena Carreiras, *Gender and the Military: Women in the Armed Forces of Western Democracies*, pp.97~36.

[29] 권인숙, 〈징병제의 여성참여: 이스라엘과 스웨덴의 사례연구를 중심으로〉, 171~212쪽.

[30] Gary Shaub Jr. et al., *Diversity in the Danish Armed Forces*, Centre for Military Studies in University of Copenhagen, 2012.10.